KB150684

말을 잘하는 사람
행동을 잘하는 지혜

말을 잘하는 사람 행동을 잘하는 지혜

개정판 1쇄 인쇄_ 2016년 7월 29일 | 개정판 3쇄 발행_ 2020년 4월 20일
지은이_ 자오지에 | 옮긴이_ 송하진
펴낸이_ 오광수 외 1인 | 펴낸곳_ 꿈과희망
디자인 · 편집_ 김창숙, 박희진
주소_ 서울시 용산구 한강대로 76길 11-12, 5층 501호
전화_ 02)2681-2832 | 팩스_ 02)943-0935 | 출판등록_ 제2016-000036호
e-mail_ jinsungok@empal.com
ISBN_978-89-94648-49-1 03320

*책 값은 뒤표지에 있습니다.

*새론북스는 도서출판 꿈과희망의 계열사입니다.

ⓒPrinted in Korea. | ※ 잘못된 책은 바꾸어 드립니다.

TALKING

말을 잘하는 사람

자오지에 지음 | 송하진 옮김　　성공으로 이끄는 언어의 기술, 행동의 지혜! **화술의 달인, 행동의 달인에 이르는 전략!**

행동을 잘하는 지혜

WISDOM

꿈과희망

우리가 사는 이 세상에서, 말하지 않고 행동하지 않고 살아가기란 불가능하다. 말과 행동은 우리 인생의 핵심이자 평생 배우고 익혀야 할 최대의 과제다. 동서고금을 막론하고 대업을 이룬 사람들은 모두 언행의 중요성을 역설한다. 말과 행동은 따로 떼어놓고 생각할 수 있는 것이 아니어서, 언변이 뛰어난 사람은 행동 역시 지혜롭고, 행동이 지혜로운 사람은 언변 또한 뛰어나다.

　말하는 기술이 부족한 사람은 말의 요점을 쉽게 놓치고, 심하게는 의사소통에 실패하여 일을 망치기도 한다. 반면, 말솜씨가 뛰어난 사람은 정확한 언어구사 능력으로 정보와 감정을 명확하게 전달할 뿐만 아니라 완곡하고 듣기 좋은 표현으로 일을 순조롭고 원만하게 처리한다.

옛날 어느 황제가 이상한 꿈을 꿨다. 누군가 자신의 치아를 몽땅 뽑아 버리는 꿈이었다. 잠에서 깬 뒤, 황제는 곁에 있던 승상에게 이 꿈을 해몽해보라고 했다. 승상은 해몽서에 나온 대로 솔직히 황제에게 고했다.

"폐하의 가족들이 폐하보다 먼저 죽을 것이라는 징조입니다."

그러자 황제는 크게 노하여 그 승상을 사형에 처했다.

황제는 지혜롭기로 명성이 자자한 아범제라는 자를 불러들여 해몽을 다시 시켰다. 아범제는 승상이 말을 잘못하여 사형을 당했다는 사실을 이미 알고 있었던 터라 황제에게 이렇게 아뢰었다.

"그 꿈은 폐하께서 폐하의 모든 가족들 중 가장 장수하실 징조입니다."

황제는 크게 기뻐하며 그 자리에서 아범제에게 비단을 하사했다.

승상과 아범제가 말한 내용은 사실 황제가 나중에 죽고 가족이 먼저 죽는다는, 그 뜻은 완전히 같은 것이었다. 그러나 결과는 하늘과 땅 차이로, 승상은 사형을 당하고 아범제는 상을 받았다. 어째서 이렇게 다른 결말이 나오게 된 것일까? 이는, 승상은 지나치게 솔직하고 직접적으로 말을 해서 듣는 이의 심기를 불편하게 만든 반면, 아범제는 같은 말이라도 상대방이 듣기 좋게 완곡한 표현을 썼기 때문이다.

다시 아래의 이야기를 살펴보자.

신해혁명辛亥革命 승리 후 쑨원孫文은 임시 대총통의 자리에 올랐다. 한번은 그가 가벼운 평상복 차림을 한 채 참정원參政院에서 열리는 중요한 회의에 참석하려고 길을 나섰다. 그런데 문을 지키고 있던 경비병이 그를 제지하며 엄포를 놓았다.

"오늘은 중요한 회의가 있어서 대총통과 의원들만 들어갈 수 있는데, 간도 크지, 여기가 어디라고 들어가려는 거요? 썩 돌아가요! 대총통께서 보시면 화내실 게요. 그럼 당신은 큰 코 다칠 거라고!"

그러자 쑨원이 웃음을 참지 못하고 반문했다.

"대총통이 화낼 거라는 걸 당신이 어찌 아시오?"

그는 자신의 신분증을 꺼내 보여주었다. 경비병은 신분증을 보고서야 자기 앞에 서 있는 사람이 대총통임을 알아차렸다. 화들짝 놀란 그는 땅에 무릎을 꿇은 채 거듭 용서를 구했다.

쑨원은 급히 경비병을 일으키며 유머를 잃지 않고 말했다.

"화내지 않을 테니 겁내지 말게나."

이 상황에서 쑨원의 이 말은 다른 말보다 효과적이다. 쑨원은 유머러스한 말로 난감한 분위기와 경비병의 얼어붙은 마음을 풀어놓았을 뿐만 아니라, 자신이 도량이 넓은 인물임을 보여주었다.

업무상의 대화에서나 연애를 할 때, 타인을 설득할 때, 한담을 나눌 때, 고용주 입장에서 인력을 구하거나 남에게 도움을 청할 때, 다른 이들과 교제할 때 등등 어떠한 상황에서든지 지혜로운 말과 적절한 행동이 요구된다.

한 사람의 성공은 그가 하는 말 한마디, 행동 하나에 달렸다 해도 과언이 아니다. 중요한 점은 뛰어난 말솜씨와 탁월한 행동 능력이 타고나는 것이 아니라 후천적인 노력으로 습득된다는 사실이다. 말을 하는 데는 언어의 지혜가 필요하고 행동에는 올바른 전략이 필요하다. 이 두 가지를 파악하기만 하면 어떤 대화나 행동에서도 상대의 허점을 정확히 짚어낼 수 있고, 애를 먹지 않고도 여유 있게 일을 처리할 수 있다.

이 책에서는 언어의 기술과 행동의 지혜를 담은 전략을 36가지로 정리하였다. 여기에 생동감 넘치는 사례를 함께 제시하여 각각의 전략을 구체적으로 어떻게 활용할 수 있는지 상세히 설명함으로써 실용성을 더했다. 모쪼록 이 책이 언어의 기술과 행동의 지혜를 터득하는 데 도움이 되어 독자들이 뛰어난 행동가, 화술의 달인이 될 수 있기를 바란다.

자오지에

CHAPTER 03

말을 잘하는 사람
TALKING

행동을 잘하는 지혜
WISDOM

CHAPTER 01

처음 만난 사람에게
친근함으로 다가가라

대인관계에서 처음 보는 사람과 교감을 나누고 친밀한 감정을 형성하여 거리감을 좁히는 것은 성공적인 인맥형성의 기본이다. 어떤 사람은 어떠한 방법을 동원해도 친해질 것 같지 않아 보이지만, 당신이 조금만 머리를 쓰고 마음을 연다면 해답이 보일 것이다.

36가지 전략 가운데 첫번째 전략은 낯선 타인에게 먼저 친근하게 다가가 두 사람 사이의 심리적인 거리를 좁히는 것으로, 이는 대인관계에서 가장 흔히 사용되는 전략의 하나다.

첫 만남임에도 불구하고 마치 오래 알고 지낸 사이처럼 편안하게 대할 수 있다면 그것이야말로 대인관계에서 성공을 불러오는 이상적인 능력이라 하겠다. 초면인 상대를 친숙하게 대할 수 있는 사람이라면 분명 다양한 친구들과 폭넓은 인맥을 가지고 있을 것이다. 반면, 처음 보는 사람에게 다가서기를 꺼리고 낯선 이와의 대화에 익숙지 않은 사람들은 원만한 대인관계 형성이 어렵고 일에서도 성공하기 힘들다. 처음 만난 사람들은 어느 쪽이든 되도록 빨리 어색한 분위기를 깨고 감정의 거리를 좁혀 상대방에게 좋은 인상을 남기고 싶어 하게 마련이다. 다른 사람과 처음 만난 자리에서 앞으로 소개할 전략을 활용한다면 물고기가 물을 만난 듯 수월하게 일이 풀릴 것이다.

TALKING WISDOM 혈연·지연을 활용하여 가까워져라

친척이나 동향인이라고 하면 비교적 가까운 관계로 인식되기 때문에 친근한 느낌을 주어 서로 간에 신뢰를 높이는 데 도움이 된다. 특히 앞에 있는 낯선 이가 자신과 관계 있는 사람이라는 것을 알게 됐을 때의 반가움은 더욱 크다. 그러므로 만약 상대방과 연결되는 것이 하나라도 있다면 인사말을 주고받은 뒤 직접 말을 해도 무방하다. 그럼으로써 쉽게 두 사람 간의 거리를 좁힐 수 있고 첫 만남에서도 친숙한 느낌을 가질 수 있다.

일반적으로, 잘 알지 못하는 사람이라 하더라도 미리 사전조사를 해보면 가깝든 멀든 둘 사이를 이어줄 만한 관계를 찾아낼 수 있다. 상대방과 만난 자리에서 바로 그 관계의 끈을 활용한다면 쉽게 상대와 가까워질 수 있다.

삼국시대 노숙魯肅이 바로 사교성을 발휘하는 데는 둘째가라면 서러운 인물이었다. 그가 제갈량諸葛亮과의 첫 만남에서 한 첫 말은 다음과 같았다.

"나는 그대의 형 제갈근諸葛瑾의 친구요."

이 한마디로 두 사람은 서로 마음이 통했고, 손권孫權과 유비劉備가 동맹을 맺어 조조曹操에게 반격하는 것을 합심하여 돕는다.

때로는 처음 외교관계를 맺는 나라 사이에도 주변의 친분을 끌어들이는 방식을 쓰기도 한다. 1984년 5월, 미국의 레이건 대통령이 상하이 푸단復旦 대학을 방문했을 때의 일이다. 대강당에서 레이건 대통령은 처음 대하는 푸단 대학생 100여 명을 상대로 푸단 대학과의 인연을 언급하며 이야기의 서두를 열었다.

"사실 나는 여러분이 다니는 이 학교와 아주 가까운 인연을 맺고 있습니다. 셰시더謝希德 총장과 나의 부인 낸시는 미국 스미스 대학 동창이거든요. 그러니 여러분도 당연히 내 친구나 다름없습니다."

그러자 장내에 박수 소리가 터져 나왔다. 이 말이 검은 머리와 노란 피부를 가진 100명 남짓의 중국 대학생들로 하여금 파란 눈과 높은 코를 가진 서양의 대통령을 친밀한 친구로 여기게 만든 것이다. 그리하여 화기애애한 분위기 속에서 자연스럽게 이야기가 이어졌고, 학생들의 반응도 뜨거웠다. 레이건 대통령이 기대한 그대로의 결과였다.

TALKING WISDOM 상대방의 외모에 대하여 이야기하라

사람은 누구나 많든 적든 자신의 외모에 대해 관심을 가지고 있기 때문에 적당한 선에서 외모에 대해 이야기하는 것도 훌륭한 사교방식이 될 수 있다. 사교성이 뛰어난 사람은 말수가 적은 사람과 처음 알게 된 자리에서 자연스레 상대방의 외모를 화제에 올린다.

"제 사촌 형님이랑 정말 많이 닮았군요. 아까는 하마터면 형님인 줄 착각할 뻔했다니까요. 두 분 다 키도 훤칠하고 피부도 희고 깨끗한 데다, 침착한 모습까지 어쩜 이리도 비슷한지요? 그러고 보니 옷 입는 스타일도 비슷하시네요. 형님도 짙은 남색 정장을 즐겨 입거든요. 정말 얼핏 보면 두 사람 분간하기 힘들 정도예요."

"아, 그래요?"

새로 사귄 친구의 눈이 반짝 빛날 것이다. 이런 식으로 두 사람은 이야기보따리를 자연스럽게 하나하나 열게 된다. 우리는 대화를 풀어나가는 이 사람의 재치에 감탄하지 않을 수 없다. 그는 상대방을 자신과 가까운 사람과 엮음으로써 어느새 두 사람 간의 거리를 좁혔을 뿐 아니라, 또 재치 있게 상대방의 외모를 칭찬하는 셈이 되므로 말수가 적은 상대일지라도 마음을 열고 진심으로 대화하게 된다.

TALKING WISDOM 공통점을 찾아 화제로 삼자

상대와 어색하고 거북한 분위기에 놓였을 경우, 무엇보다 먼저 두 사람 사이의 공통점을 찾아 화제로 삼은 뒤 그 공통점을 계속해서 확대시켜나가야 한다. 그래야 상대방도 대화에 흥미를 갖게 되고 대화에도 깊이가 생겨 대화가 오래도록 지속된다. 한 예로 미국 영화 〈정글북〉을 보면 이런 장면이 나온다. 서로 낯선 남녀 주인공이 기차에 앉아 있다. 남자는 맞은편 여성에게 무척 호감을 가지고 있는지라, 말을 붙일 만한 화젯거리를 열심히 찾기 시작한다.

"실례지만 어디까지 가세요? 짐이 없는 걸 보니 여행길은 아닌 것 같은데."

여자가 대답한다.

"필드 시까지 가요. 짐은 필요 없어요."

"오! 필드 시라, 무척 아름다운 곳이죠. 안 그래요?"

여자는 미소 지으며 고개를 끄덕인다. 남자가 다시 말한다.

"참, 기차역 앞에 있던 그 카페는 아직 있나요? 일 년 전에 한 번 가봤는데, 커피 맛이 아주 일품이더라고요!"

"네, 저도 주말이면 자주 가곤 해요. 분위기도 좋고, 참 정감 있는 곳이죠."

두 사람은 작은 도시에서 시작하여 커피, 취미, 상대방의 이름, 살아온 나날들까지 공통점을 끊임없이 발견해간다.

이 전략을 활용할 때, 두 가지를 유념해야 하는데, 그 첫째는 음험한 목적을 품어서는 안 된다는 것이다. 왜냐하면 그것은 자신의 인격을 격하시킬뿐더러 남들에게도 손가락질받을 일이기 때문이다. 둘째, 직장에서나 공공적 사무에 임할 때는 이 수법을 자제해야 한다. 공적인 상황에서는 이것이 가장 쉽게 나락으로 떨어질 수 있는 길이고, 높이 올라가려 할수록 더 매몰차게 내동댕이쳐질 것이기 때문이다.

상대방을
칭찬하라

칭찬을 듣고 기분 나빠할 사람이 있을까. 듣기 좋은 말은 누구나 듣고 싶어 하게 마련이며, 그래서 칭찬은 어떤 마음의 문도 열 수 있는 만능열쇠다.

풍트넬Fontenelle은 유명한 과학자이면서 문학가로, 97세의 나이에도 민첩한 사고력을 잃지 않았던 인물이다. 하루는 그가 사교 모임에서 젊고 아름다운 여인을 만나게 되었다. 그는 그 여인을 찬미하는 말들을 한껏 늘어놓더니 잠시 후 다시 그녀 앞을 지나칠 때는 눈길조차 주지 않았다. 그러자 그녀가 풍트넬에게 말했다.

"조금 전 당신이 한 칭찬을 어떻게 받아들여야 할지 모르겠군요. 지금은 나하고 눈조차 마주치지 않잖아요."

풍트넬은 당황하지 않고 또박또박 대답했다.

"내가 만약 당신과 눈을 마주쳤더라면 당신 앞을 지나치지 못했을 겁니다."

이 최고의 찬사를 듣고 그녀가 마음속으로 얼마나 기뻐했을지는 어렵지 않게 상상할 수 있을 것이다.

일상생활에서 다른 사람을 칭찬하는 것은 힘들이지 않고도 큰 효과를 볼 수 있는 교제의 지름길이다. 일반적으로 말해서, 이 세상 절대다수의 사람들은 남들로부터 칭찬받기를 좋아한다. 비록 입으로는 그렇지 않다고 말할지라도 막상 칭찬을 들으면 내심 기쁜 마음에 들뜰 것이다.

이번 전략은 바로 이러한 사람들의 심리를 이용한 것이다. 대화를 나눌 때나 일을 처리할 때 자주 사용되는 방법으로, 이것만 잘 활용해도 적은 노력으로 많은 효과를 얻을 수 있다.

모 문화예술기업이 영화관을 세우려는 계획을 세우고 있었는데, 하루는 이 회사의 왕 사장 사무실로 가구회사를 운영하는 이 사장이 의자를 팔러 찾아왔다. 그는 문을 열고 들어오자마자 이렇게 말했다.

"오! 정말 근사하군요. 이렇게 멋진 사무실은 본 적이 없어요. 제 사무실도 이만큼 훌륭하다면 평생 원이 없겠는걸요."

이 사장은 사무실 의자의 팔걸이를 만지작거리며 또 이렇게 말했다.

"이거 샹산香山에서 나는 홍목紅木 아닌가요? 흔히 볼 수 없는 귀한 목재죠."

"그렇습니까?"

왕 사장의 어깨가 절로 으쓱해졌다.

"제가 이 사무실 꾸미는 데 신경을 좀 썼지요."

그러면서 이 사장에게 사무실 구석구석을 자세히 구경시켜주었고, 자연스럽게 영화관 건립에 소요될 예산과 인테리어 자재, 색채 배합 등의 사항까지도 소개했다. 왕 사장은 몹시 흥분한 채로 이야기를 했고, 이 사장은 그의 말이 끝날 때마다 칭찬을 아끼지 않았다. 두 사람의 대화는 순조롭게 이어졌다. 그러다 이 사장이 영화관 의자 설치를 자신들에게 맡길 수 없겠냐고 묻자 왕 사장은 흔쾌히 승낙했고 신속하게 계약이 맺어졌다.

과장되지 않은 칭찬은 때때로 상대방과의 거리를 좁혀주고 그 후에 이어지는 왕래에서 심리적 유대감을 형성해준다. 그렇기 때문에 똑똑한 사람은 언제나 말과 안색을 통해 상대방의 의중을 헤아릴 줄 안다. 그들은 상대의 성격과 취미, 기분을 파악하여 상대의 심리적 욕구를 만족시킬 만한 전술을 세운 뒤 그가 간절히 필요로 하는 것에 대해 지지하고 이해하고 도와줌으로써 그의 관심을 끈다. 그러고는 상대방이 자신과 동질감을 느끼도록 만들어서 최종적으로 자신의 목적을 달성하는 것이다.

이 전략의 요지는 다른 사람을 칭찬하는 것이지만, 정도에 맞게 칭찬하는 것도 쉬운 일은 아니다. 적절치 못한 칭찬은 오히려 역효과를 불러일으킬 수도 있다. 상대방이 허심탄회하게 속마음을 말하도록 유도하기 위해서는, 상대가 자랑스럽게 여기고 남들로부터 인정받기를 원하는 것이 무엇인지를 되도록 빨리 찾아내야 한다. 상대가 가장 자부심을 느끼는 그 어떤 부분을 알아내기 전까지 함부로 칭찬하는 것을 삼가야, 만일의 말실수로 제 무덤 파는 일이 없을 것이다. 생각해보라. 너무 말라서 고민인 여성에게 날씬하다는 칭찬이 달갑게 들릴 리가 있겠는가?

이 전략을 사용할 때는 아래에 소개하는 몇 가지 비결들을 유념하도록 하자.

TALKING WISDOM 칭찬에 솔직한 마음을 담아라

사람들은 늘 좋은 말을 듣고 싶어 한다. 설령 상대가 해주는 듣기 좋은 말들이 자신의 기분을 맞춰주기 위한 빈말임을 알지라도 기분이 우쭐해지는 것은 어쩔 수가 없다. 이것은 사실 인간의 약점이기도 하지만, 누구든 칭찬의 말을 들으면 실제와 지나치게 동떨어지지 않는 한 결코 싫어할리가 없다.

다른 사람을 칭찬할 때 갖추어야 할 첫째 조건은 솔직한 마음과 진심어린 태도다. 말은 사람의 심리를 반영한다. 따라서 경솔한 말과 대화태도는 상대방이 쉽게 간파할 수 있으며, 말에 진실함이 담겨 있지 않을 때 상대방은 불쾌함을 느낄 것이다.

TALKING WISDOM 다른 사물을 통해 간접적으로 칭찬하기

처음 만난 사람에게는 어떤 칭찬이 효과적일까? 가장 바람직한 요령은 첫 대면에서부터 상대방의 인품이나 성격에 대해 다짜고짜 칭찬하지 않는 것이다. 대신 과거의 성취나 행동, 가지고 있는 물건 등 구체적인 사물을 찬사의 대상으로 삼는 편이 현명하다. 만일 상대방에게 "당신은 정말좋은 사람입니다"라고 덕담을 건넸다면, 설령 그것이 진심에서 우러나온 말이라 할지라도 상대방은 '겨우 한 번 보고 내가 좋은 사람인지 아닌지를 어떻게 알지?'라며 의문과 경계심을 품을지 모른다.

그러나 과거에 상대방이 이룬 성과에 대해 칭찬한다면 상황이 달라질 것이다. 이미 일어난 사실은 친분이 있고 없고와는 무관하기 때문에 상대방도 대체로 쉽게 받아들일 수 있다. 즉, 직접적으로 상대를 칭찬하는 대신 상대방과 관련된 일을 칭찬하는 방법인데, 이렇게 간접적으로 찬사를 건네는 것이 첫 대면에서는 비교적 효과적이다. 만일 상대가 여성이라면 복장이나 액세서리도 간접적으로 칭찬할 수 있는 대상이 될 수 있다.

TALKING WISDOM 뒤에서 칭찬하기

루스벨트Theodore Roosevelt의 부관 중에 버드라는 인물이 있었는데, 그는 일찍이 칭찬과 아첨에 대해 독특하고 유익한 견해를 내놓은 바 있다. 바로 뒤에서 다른 사람의 좋은 점을 칭찬하는 방법이 그 사람 앞에서 아첨하는 방식보다 더욱 효과적이라는 것이다. 이는 상당히 높은 수준의 기술로, 그 사람이 보지 않는 곳에서 그를 칭찬하는 것이 누군가에게 잘 보이고자 할 때 쓸 수 있는 여러 방법들 중 가장 효과가 큰 방법이다.

만일 누군가가 내게 와서는 아무개가 나에 관해 좋은 말들만 하더라는 말을 해준다면 그 말을 듣고 무척 유쾌해할 것이다. 그렇지만 그런 말들을 만약 면전에서 직접 들었다면 아마 거짓처럼 느껴지거나 그 사람의 말이 진심에서 우러나온 것인지를 의심하게 될지도 모른다. 간접적으로 들려오는 칭찬이 더 듣기 좋은 법이다.

독일의 철혈재상 비스마르크Bismarck는 자신을 잘 따르지 않던 부하직원과 가까워지기 위해 계획적으로 다른 사람들 앞에서 그 직원을 칭찬했다. 그는 그들이 분명 자신의 말을 그 직원에게 전할 것임을 알고 있었기 때문이다.

TALKING WISDOM 칭찬도 새것을 원한다

제삼자의 입을 통해 얻는 정보가 때로는 누군가와 처음 만난 자리에서 중요한 역할을 하기도 한다. 그렇기에 손에 얻은 정보를 적극적으로 이용하여 상대방을 칭찬하는 것은 당연하다. 그러나 만약 이 정보들을 곧이곧대로 상대방에게 전한다면, 그는 당신을 경멸의 눈초리로 바라볼지도 모른다. 왜냐하면 여기저기서 전해지는 말들은 그에 관한, 사람들이 공인한 그의 명성이자 이미지이기 때문이다. 그는 이미 그런 말들을 너무 많이 들어서 질려버렸거나 아예 무감각해졌을지도 모른다. 그런 상황에서 당신이 또다시 끄집어낸다면 마지못해 웃어 보일지 몰라도 내심 짜증을 내며 '저 똑같은 레퍼토리, 지겨워!'라고 생각할 수도 있다. 그러면서 머릿속으로 당신을 그저 그런 사람들 집단에 분류해버릴 것이다.

상대방에 관한 소문들이 당신에게는 무척 새로운 정보일지 몰라도 당사자는 지겹도록 많이 들었을 테니, 그런 구식의 찬사는 피하고 그동안 듣지 못했을 만한 모습을 찾아 칭찬해보라.

TALKING WISDOM 우회적으로 훈계하기

모 백화점의 패션복 매장에서 한동안 여직원들의 태도를 탓하는 고객들의 불만이 끊이지 않았다. 그때 매장 매니저의 해결방식은 여느 사람들과는 달랐고 그 효과도 매우 놀라웠다. 그는 결코 판매원들을 질책하지 않았고, 오히려 더욱 많은 칭찬을 해주었다. 그는 고객에게 지적을 당한 직원에게 되레 이렇게 말했다.

"어떤 손님이 서비스가 무척 좋았다고 칭찬하더군요. 앞으로도 계속 노력해주기 바랍니다."

"손님이 매우 예의가 바르다고 말하더군요."

이런 식의 칭찬이 거듭되자, 고객을 대하는 직원들의 태도가 크게 개선되어 직원들은 어떤 고객을 맞이하건 간에 웃는 얼굴로 대했고, 업무실적도 나날이 향상되었다.

위의 예는 사람들의 심리를 파악한 교육방법이라 하겠다. 일반적으로 누군가에게 "당신은 이러저러한 단점을 고쳐야 한다"는 훈계를 들었을 때, 극단적인 경우 자신의 인격 자체가 모두 부정당했다고 생각할 수 있기 때문에 오히려 반발심리를 일으키기 쉽다. 그러나 거기에 약간만 칭찬을 덧붙여도 태도는 180도 달라질 수 있다. 만약 누군가의 결점을 바로잡고 싶다면, 직접적으로 결점을 지적하기보다는 그의 장점을 칭찬해보자. 그럴 때 그는 자신의 장점을 더욱 발휘하는 동시에 단점을 고쳐나갈 수 있을 것이다.

TALKING WISDOM 칭찬할 때는 존중의 태도를 갖추어라

한 회사의 국장은 성격이 거만하여 초면인 사람들 대개는 그와 가까이하기를 꺼렸고, 그의 딱딱하고 차가운 얼굴은 늘 사람들을 뒷걸음질하게 만들었다. 어느 날 타지에서 새로운 직원이 왔다. 국장의 성격에 대해 미리 전해 들었던 그는 국장과 마주치자마자 미소 띤 얼굴로 담배 한 개비를 건네며 말했다.

"국장님, 회사에 도착하자마자 누가 저에게 그러더군요. 국장님은 성격이 시원시원하시고 일도 열정적으로 하시는 데다 동정심도 많으시다고요. 특히 타 지역에서 온 사람들을 특별히 배려해주신다는 말씀에 더할 나위 없이 기뻤습니다. 국장님 같은 상사를 모시고 일하게 되어 정말 영광입니다."

그러자 딱딱했던 국장의 얼굴이 금세 펴지면서 곧장 정식업무에 대한 이야기가 이어졌다. 결과는 대성공이었다.

이 직원의 성공비결은 처음 만나자마자 했던 몇 마디 덕이라 할 수 있다. 왜냐하면 사람들은 자신을 존경하는 태도로 다가서는 상대방을 차마 쌀쌀맞게 대하거나 난처하게 만들지는 못하기 때문이다. 그런 상황에서는 자신의 이미지를 지키려는 심리 때문에 부드럽고 친근감 있는 태도로 변하게 마련이다.

요컨대 칭찬은 다양한 상황에서 활용할 수 있는 만능열쇠다. 그렇지만 이를 부정한 목적을 가지고 오로지 남의 비위를 맞추기 위해서 사용하는 것은 부적절하다. 잠시 동안은 원하는 바를 얻을 수 있을지 몰라도 언젠가는 그 본심이 반드시 들통 날 것이기 때문이다.

상대방을
치켜세워라

타인을 치켜세우는 데는 두 가지 비결이 있다. 하나는 지피지기로, 그래야만 제대로 '치켜세울' 수 있다. 다른 하나는 상대방을 추어주되 노골적이어서는 안 된다는 것이다. 생색을 내서도, 티를 내서도 안 된다.

옛날 어떤 사람이 어느 지방의 현관縣官을 찾아가 말하기를, 자신의 스승이 아첨하는 법 99가지를 가르쳐주었는데 그 방법은 언제 어디서든 통한다고 했다.

현관이 그 말을 듣고 매우 거북해하며 말했다.

"나는 다른 사람에게 아첨이나 하는 사람이 아닐세."

그 사람은 얼른 맞장구를 치며 대답했다.

"그러문입쇼, 나리의 경우는 다릅니다. 나리는 예외입죠. 나리만큼 훌륭한 어르신이 천하에 몇이나 되겠습니까?"

이 말에 현관의 안색이 금세 부드러워졌다.

그 사람은 다음과 같은 한마디를 남기며 관저를 나섰다.

"아흔아홉 가지 중 하나가 이미 통했군."

이 전략은 간단히 말하자면 듣기에 좋은 말로 상대를 추어올리는 것이다. 어떻게 보면 이것은 앞서의 전략과 유사해 보이지만, 앞서의 전략의 경우 주로 언어적인 요소를 통해 상대를 칭찬하는 데 중점을 둔다면 이전략은 대개 비언어적인 행위로 상대의 비위를 맞추는 데 중점을 둔다는 점에서 차이가 있다.

청나라에서 『이십사사二十四史, 역대 중국의 왕조』를 편찬할 때, 건륭제乾隆帝는 이 작업을 매우 중시하여 자신이 직접 내용을 살펴보곤 했다. 매번 한두 가지씩 잘못된 부분을 찾아냈는데, 그럴 때마다 그는 자신이 매우 대단한 일을 해낸 것처럼 여기고 무척 흐뭇해했다.

화신和珅과 다른 대신들은 건륭제의 비위를 맞추기 위해서, 황제에게 보여주는 원고에다가 일부러 눈에 잘 띄는 곳을 골라 틀린 글자를 적어 넣고 건륭제에게 바로잡도록 했다. 이 방법은 아주 절묘했다. 아무리 황제 앞에서 황제의 학식을 칭송해봤자 이렇게 직접 황제의 학식을 여러 신하들 앞에서 직접 보이는 것만은 못했기 때문이다. 황제가 고친 원고는 누구도 다시 손을 댈 수가 없었다. 그래서 건륭제가 고치지 못하고 지나간 부분들이 후대에 그대로 전해졌는데, 오늘날 볼 수 있는 전판서殿版書, 청대 무영전武英殿에서 간행한 서적에 대한 총칭 안의 틀린 글자 대부분은 이러한 연유로 남은 것이다.

화신은 눈치가 빠르고 머리가 좋은 인물이라 건륭제의 기분을 잘 파악했다. 그 덕에 그는 그때그때 적절한 행동을 취함으로써 건륭제의 환심을 살 수 있었다. 평소 그는 건륭제의 생활습관에 대해서 세심하게 관찰하고 연구했는데, 특히 황제의 성격과 좋아하고 싫어하는 것들을 제 손바닥 보듯 훤히 꿰뚫고 있었다. 그래서 건륭제가 원하는 것을 말하기도 전에 알아채는 경우가 많았고, 어떤 때는 건륭제 스스로도 생각이 미치지 않은 곳까지 황제의 마음에 들도록 미리 조치를 취했다. 무엇보다 그는 적당한 때마다 은근히 황제를 추어올리곤 했는데, 이 때문에 건륭제의 총애를 한 몸에 받을 수 있었다.

화신은 다음의 두 가지 면에서 뛰어났다. 먼저 그는 자기 자신은 물론 상대를 꿰뚫고 있었으므로 매번 실패 없이 적중할 수 있었다. 둘째로는 상대방이 전혀 눈치 채지 못하게 하면서도 상대를 몹시 편안하게 만들었다. 이는 그가 생색을 내지도, 떠벌리고 다니지도 않았기 때문이다.

한 가지 사례를 더 살펴보자.

유씨는 명문대학을 졸업하지는 못했지만 그가 취직한 회사는 매우 이름 있는 기업이었다. 회사 내에는 워낙 뛰어난 사원들이 많았기 때문에 그런 인재들에 파묻힌 유씨가 능력이 출중하다고 말하기는 힘들었다. 그러나 그는 회사에 입사한 지 2년도 되지 않아 젊은 나이에 재무부서의 부장이 되었다.

많은 사람들이 유씨의 쾌속승진에 의아해했다. 그 이유는 첫째, 비록 그가 회사 업무에 열정을 보이고 사장에게도 충성스러운 직원이기는 했지만, 다른 사원들과 확연히 구분될 정도로 뛰어난 실적을 낸 것은 아니었기 때문이다. 둘째, 유씨는 비교적 본분에 만족하고 말수도 적은 내성적인 사람으로, 기회주의자도 아니었고 조건이 남들보다 월등히 유리하지도 않았다. 셋째, 남의 일에 참견하기를 좋아하는 사람들이 지켜본 바로 그는 뒤에서 봐주는 사람도 없었고, 주위 사람들을 자기편으로 만들려고 애쓰지도 않았다.

사람들 눈에는 그저 평범한 청년이 정말 아무런 이유 없이 사장의 신임을 받아 끝을 모르고 승진을 거듭하는 것처럼 보였다.

나중에야 몇몇 사람이 그 이유를 알아챌 수 있었다. 원래 유씨는 졸업 후 그룹 본부의 재무부서에 취직이 되었는데, 경험이 부족하고 내성적인 성격 탓에 줄곧 부서 주임의 마음에 들지 않았다. 그러나 유씨는 진심으로 자신의 일을 사랑하였기에 되도록 빨리 업무에 익숙해지고자 늘 혼자서 늦은 밤까지 야근을 했던 것이다.

그러던 어느 날, 원래 틈이 날 때마다 각 부서를 돌아보는 습관이 있던 양 사장이 모두가 퇴근하고 난 적막한 사무실에서 홀로 소프트웨어 사용법을 익히고 있는 유씨의 모습을 본 것이다. 양 사장은 조용히 그의 뒤로 다가갔다. 그때 액자 안에 있는 사진 한 장이 그의 눈길을 끌었는데, 그것은 자신과 함께 찍은 유씨의 사진이 아닌가.

물론 컴퓨터로 합성한 사진이었다. 이해하지 못하겠다는 눈빛의 사장 앞에서 유씨는 이렇게 설명했다.

"저는 이 회사의 직원이 된 데 무한한 자부심을 가지고 있고 저의 부모님도 저를 무척 자랑스럽게 여기고 계십니다. 그래서 사장님과 함께 사진을 꼭 찍고 싶었는데 과분한 바람이라고 생각했기 때문에, 그래서 어쩔 수 없이⋯⋯."

양 사장은 유씨의 이름과 모교, 학력, 전공, 고향, 일하면서 느낀 점 등을 물어본 후, 다시 그 합성사진을 자세히 들여다보고는 자리를 떴다.

그 일이 있은 후 얼마 지나지 않아, 양 사장은 재무부서 책임자에게 유씨를 지사의 재무부 주임으로 전근시키도록 지시했다. 당연히 유씨도 자기 단련과 함께 경험을 쌓을 수 있는 절호의 기회를 놓칠 리 없었다. 물론 본사에 들어올 때마다 사장에게 업무현황을 보고하는 것도 빠뜨리지 않앉다. 그렇게 해서 자기에게 돌아온 기회를 놓치지 않고 착실하게 일한 유씨는 양 사장의 총애를 받으며 고속승진을 했던 것이다.

물론 유씨의 근면함도 인정해야겠지만, 절대적으로 그 사진이 그의 승진에 결정적인 역할을 했고, 듣기 좋은 말로 상대방의 기분을 좋게 해주는 그의 뛰어난 능력도 한몫을 했다.

그렇다면 회사에서 사장은 직원들의 이러한 행동을 어떻게 바라볼까?

대부분의 사장들이 입으로는 직원들의 아첨을 싫어한다고 말하지만 때로는 직원들의 과분한 찬사에 기분이 좋아짐을 인정한다. 그리고 다른 사람들의 비위를 잘 맞추는 직원이 확실히 업무능력도 뛰어난 경우가 많다.

사장 역시 사람이고, 아부하는 말을 들으면 기분이 좋아지는 것은 사람이라면 누구나 가지고 있는 일종의 천성이다. 더군다나 사장이 어떤 일을 진행시키고 나서 그 결정에 판단이 서지 않을 때 누군가 곁에서 옳은 처사였다고 몇 마디 해주면, 기분이 좋아 우쭐해지면서 이 사람이 나를 잘 아는구나, 혹은 코드가 잘 맞는구나, 하고 생각할 것이다.

물론 사장들도 그런 직원들이 많든 적든 어쨌든 잘 보여서 뭔가를 얻으려고 하는 심리를 명확하게 알고 있다. 그들 대부분이 갖고 있는 능력에는 한계가 있기 때문에 정당한 경쟁만을 통해선 자신의 재능을 드러낼 방법이 없다고 느껴, 지름길처럼 보이는 이러한 방법을 사용해 사장의 마음에 들기를 원하는 것이다.

어찌되었든 대다수의 사장들은 남의 비위를 잘 맞춰주는 사람들이 사내 전체 분위기를 고무시키는 데 상당한 도움이 된다고 보고 있다. 사장의 입장에서 높은 이윤창출을 위해 직원들을 부단히 격려하고 좀더 열성적인 근무의지를 북돋울 필요도 있지만, 약간은 과장스러운 듯하더라도 동료들의 칭찬과 격려는 직원들에게 보다 큰 성취감과 만족감을 안겨줄 수 있다.

그러나 분명 입에 발린 말에 현혹되어 판단을 그르치는 사장도 적지 않다. 누가 자신의 비위를 더 잘 맞추는지, 듣기 좋은 말을 더 많이 하는지를 존경의 척도로 간주하여, 그런 사람들을 가까이하고 특혜를 줌으로써 결국 진정한 인재를 간과하는 커다란 우를 범하는 것이다.

남을 잘 추어주는 사람을 대할 때는 정신을 똑바로 차리고 있어야 한다. 어떤 말이 객관적인 평가인지, 어떤 말이 그저 환심을 사기 위한 아첨인지를 분명하게 구분할 줄 알아야 한다. 치켜세우기 좋아하는 사람들 중에서도 표현은 약간 과장됐을지라도 진심에서 우러나온 말을 하는 사람이 있을 테고, 자기 이익을 위해 달콤한 입발림으로 꼬여내려는 의도를 가진 사람도 있을 것이다. 그리고 상대방을 띄워주는 말들 속에도 받아들일 만한 내용이 있는가 하면 정말 실속도 없고 근거도 없는 빈말인 경우도 있다.

당신 주위에도 이런 사람들이 있을 것이다. 그들은 능숙하게 당신의 기분을 맞춰주고, 뛰어난 기교로 은밀히 당신이 그들에게 넘어가도록 만든다. 그러나 이런 사람들은 당신의 허영심은 만족시켜줄 수 있을지언정 그 외에는 당신에게 아무런 이득도 되지 않는다. 이런 사람들을 대할 때는 반드시 정신을 똑바로 차리고 그들의 말을 곧이곧대로 믿지는 말라.

마음을
공략하라

"성을 공격하여 상대를 꺾는 것은 하책이고, 심리전으로 상대의 기를 꺾는 것이 상책이다"라는 말은 전쟁터에서만 적용되는 말이 아니다. 상대의 마음을 공략하는 것이야말로 원만한 대인관계의 비결이며, 이미 오래전부터 무수한 사실들이 이 황금률을 증명해주고 있다.

이른바 '심리공략법'은 우리가 말하고 행동할 때 상대방의 심리를 꿰뚫음으로써 자신의 목적을 달성하는 전략이다. 심리공략법이라고 하면 어떤 사람들은 음모나 술수 등의 단어를 떠올리기도 하는데, 사실 고대에는 음모라는 말에 부정적인 뜻이 내포되어 있지 않았다. 손자孫子는 다음과 같이 말했다.

"싸우지 않고도 적을 무릎 꿇게 하는 것이 으뜸 가운데서도 으뜸이다不戰而屈人之兵 善之善者也. 성을 공격하여 상대를 꺾는 것은 하책이고, 심리전으로 상대의 기를 꺾는 것이 상책이다攻城爲下 攻心爲上."

이것들이 모두 전형적인 심리공략법이라고 하겠다.

제갈량은 뛰어난 심리학자였다. 그가 남긴 사적事迹은 끝이 없는데 그중에 몇 가지를 들면 다음과 같다. 공성계空城計로 사마의司馬懿를 물리친 이야

기, 칠금맹획七擒孟獲, 맹획을 일곱 번 잡았다가 일곱 번 놓아주어 남만의 귀순을 이끌어냄의 고
사, 편지 한 장으로 주유周瑜의 분을 불러일으켜 끝내 피를 토하고 절명하
게 만들었다는 이야기……. 제갈량은 그의 무궁무진한 계략 중에서도 특
히 심리공략법에 뛰어났다. 이에 관련한 여러 일화들은 오래도록 후대 사
람들에게 교훈을 남겨주고 있다.

제2차 세계대전 당시 미국은 참전을 위해 청년들을 동원할 계획을 세
웠는데, 당시 편한 생활에만 젖어 있던 대다수의 젊은이들은 목숨을 잃을
까 두려워 참전을 호소하는 펜타곤에 반대하는 움직임을 보였다. 이 때문
에 오하이오주의 주지사는 다섯 차례나 합동참모본부 의장에게 질책을
받는 망신을 당해야 했다. 이미 입이 닳도록 설득했지만 유약하기 그지없
고 쉴 새 없이 불평만 늘어놓는 젊은이들을 납득시킬 방법이 그에게는 없
었다. 그가 낭패에 빠져 어쩔 줄 몰라 하고 있을 때, 누군가 그에게 명성
높은 심리학자 한 사람을 소개시켜주었다.

이 심리학자는 사병모집 현장에서 이리저리 두리번거리고 있던 젊은이
들을 향해 연설을 시작했다.

"친애하는 여러분, 나는 여러분과 마찬가지로 내 목숨을 무척 소중히
여깁니다."

학자의 풍모가 물씬 풍기는 한 남자가 흥미로운 말을 꺼내자, 청년들은
잠자코 경청하기 시작했다.

"먼저 나는 여러분에게 한 가지를 분명히 하고 싶습니다. 생명을 아끼
는 것은 죄가 아닙니다. 모든 사람에게는 단 하나의 생명이 단 한 번만 주
어지기 때문입니다. 나 역시 전쟁에 반대합니다. 솔직히, 죽는 것이 두렵
기 때문입니다. 만일 누가 나에게 전쟁터로 나가라고 한다면 아마 여러분

과 마찬가지로 명령을 거역하고 도피할지도 모릅니다. 그러나, 내 마음 한구석에는 이런 요행심리도 존재합니다. 만약 내가 군복무를 한다면 전방에서 싸울 확률은 절반밖에 되지 않을 것이란 생각 말입니다. 왜냐하면 후방에 남을 가능성도 배제할 수 없으니까요. 같은 이치로, 설령 전방에 배치된다 해도 내가 직접 싸울 가능성은 절반밖에 되지 않을 겁니다. 운 좋게 어느 장군의 당번병이 되어 안전한 곳에 남지 말라는 법도 없지 않습니까? 또한 만에 하나 불행하게도 반드시 총대를 메야 한다 해도, 싸우다 다칠 가능성 역시 절반입니다. 운이 없어 부상을 당하더라도 경상 정도일 뿐, 저승사자에게 불려갈 리는 없을 겁니다. 따라서 걱정할 이유가 없습니다. 만일 중상을 입더라도 의사의 도움으로 지옥문턱에서 다시 벗어날 수도 있으니까요. 혹여 불행히도 나라를 위해 끝내 목숨을 바치게 된다면, 나의 가족과 친구들은 나를 자랑스럽게 여길 것이고 나의 부모님은 최고 훈장을 수여받게 될 뿐 아니라 엄청난 위로금과 보험금을 받게 될 겁니다. 이웃 아이들은 전부 나를 용사로 기억하고, 우상으로 여기겠지요. 그리고 나는 위대한 전사로서 하늘나라에 들어가 인자하신 하느님 곁에 영원토록 머무를 것이고, 어쩌면 만인이 존경하는 워싱턴 장군을 만나볼 수도 있지 않겠습니까?"

그 말에 청년들은 큰 감동을 받았고, 등록처 앞은 순식간에 자원자들로 성황을 이루게 되었다.

사실 이 심리학자는 단지 심리공략법을 써서 재치 있고 짜임새 있는 말로 상대방의 심리를 조종했을 뿐이다. 마치 최면처럼, 먼저 사람들의 견고한 방어심리를 와해시킨 다음 전쟁이 절대적인 공포의 존재가 아님을 단계적으로 분석한 뒤, 마지막으로 숭고한 영예에 대해 언급함으로써 마침내 청년들의 마음을 움직여 자발적인 참전 의지를 불러냈다.

이 사례에서 보듯이 언어는 때로 심리를 통제하는 밸브가 되어 사람의 마음가짐을 좌우하기도 하고, 더 나아가 행동을 좌우하는 역할을 하기도 한다. 지혜로운 사람들은 늘 이 점에 주의하여 어떤 상황에서도 언어를 마음통제의 리모컨으로 삼아 심리공략법을 펼치는데, 그것은 언제나 틀림없는 전략이 된다.

그래서 대인관계를 잘 이끌어가는 사람들은 하나같이 말한다.

"마음을 움직이는 것이 승리의 비결이다."

도움을 청하는 데도
기술이 필요하다

타인의 도움 없이 자신의 힘으로만 세상을 살아갈 수 있는 사람은 없다. 다른 사람에게 도움을 청할 때는 마치 부처를 받드는 불자처럼 상대방을 높이고 자기 자신을 낮추는 태도가 필요하다. 부처는 언제 어디서나 신도를 보살피기 때문이다.

사회에서 자신의 입지를 굳히고 성취를 이끌어내고자 한다면 혼자 힘으로 고군분투하는 것만으로는 부족하다. 개개인의 욕망과 요구는 사회라는 구조 속에서 마치 거대한 그물처럼 복잡하게 얽히고설켜 있다. 여기서 말하는 욕망과 요구란 물질적인 것과 정신적인 것, 일상생활에 관련된 것과 일에 관한 것, 자기 자신을 위한 것과 가족이나 친구를 위한 것 모두를 아우른다. 따라서 이러한 바람을 어느 정도 만족시키기 위해서는 반드시 사회라는 네트워크 안에서 자신에게 유리한 방향으로 대인관계를 끌어갈 줄 알아야 한다. 이런 의미에서 볼 때 타인에게 도움을 요청하는 것은 자신을 위해, 가족과 친구를 위해 유익한 관계를 이끌어가고 욕망과 요구를 만족시키는 과정이라 하겠다.

'만사불구인萬事不求人'이라는 옛 교훈이 있다. 매사에 다른 사람으로부터 도움을 구하지 말라는 뜻인데, 여기에는 두 가지 함의가 있다. 하나는 타인의 동정이나 도움을 기대하지 말고 자립적이고 자주적인 태도로 자신의 일은 자신이 해내라는 것이고, 또 다른 하나는 남에게 부탁하는 일이 어떤 사람들의 눈에는 그다지 떳떳하지도 않으며 많든 적든 자신의 무능을 드러내는 것으로 보인다는 뜻이다.

사람은 모름지기 자립적이고 자주적이어야 한다. 이것이 옳은 말임은 두말할 필요도 없으며, 현대인들은 이러한 품성을 특히 중요하게 생각한다. 그러나 사회생활에는 언제나 다양한 인간관계와 교류가 있게 마련이며, 서로 도움을 주고받아야 할 일도 흔하다. 이는 개인의 자립과는 모순되는 일이다. 따라서 다른 사람에게 도움을 구하는 일이 결코 무능함과 연결된다고 보아서는 안 된다. 사람은 사회의 일원이며 주위 사람들과 수많은 관계를 맺고 살아간다. 자기 능력만 가지고는 일을 성공시키는 것은 고사하고 생존 자체도 불가능한 경우가 많다. 이런 의미에서 볼 때 '만사불구인'이라는 격언은 현실적이지 못하다. 누구든 다른 사람의 도움 없이 혼자만의 힘으로 모든 일을 이루기는 어렵다. 이 점을 안다면, 남에게 도움을 청할 때 그렇게 무거운 심리적인 부담은 갖지 않아도 될 것이다.

사람들은 늘 남에게 도움을 구하는 일이 그 사람을 번거롭게 한다고 생각해 꺼려하거나 쑥스러운 마음을 갖는다. 그러나 사실 이는 단지 문제의 일면일 뿐이다. 누군가에게 도움을 청하면 도움을 받는 사람에게 유익할 뿐 아니라 도움을 주는 사람 역시 자신의 가치가 다른 사람으로부터, 나아가 사회로부터 인정받았음을 느끼게 되고 그로써 모종의 심리적 만족을 얻게 된다. 대인관계도 서로 돕는 가운데 더욱 공고해져 한 단계 진전될 수 있는 법이다.

물론, 사회에서 남에게 부탁할 때는 반드시 적절한 기술과 방법을 익힐 필요가 있다. 왜냐하면 이것은 한 사람이 사회에서 자신의 입지를 구축할 수 있는지, 남의 눈치를 보지 않고 대범하고 자유롭게 살아갈 수 있는지를 판가름하는 시험이나 마찬가지기 때문이다.

도움을 청할 때는 앞 장에서 나온 바와 같이 심리를 공략하는 것이 우선이다. 먼저 마음을 움직이는 것이 가장 중요한 관건이라 하겠다.

순조롭게 과정이 진행되기를 원한다면 반드시 다음의 두 가지 조건을 동시에 갖추어야 한다. 첫째, 당신 스스로가 타인의 도움을 원해야 한다. 둘째, 타인이 당신의 부탁을 받아들이고자 하는 마음을 가져야 한다. 어떤 점에서는 후자가 전자보다 중요하고, 또 어렵기도 하다. 왜냐하면 부탁을 받는 입장에 놓인 사람은 대체로 심경이 복잡하기 때문이다. 심리를 공략한다는 의미는, 상대의 심리상태를 정확히 이해하고 있어야 함은 물론이고 이를 토대로 상대의 마음을 움직여 상대방이 당신을 진심으로 믿고 좋아하고 존경하게 만들어 기꺼이 돕고 싶은 마음이 생기게끔 하는 것을 말한다. 여기까지의 과정을 진행시키는 것이 결코 쉬운 일은 아니다.

삼고초려三顧草廬의 고사는 우리에게도 익히 알려져 있다. 유비는 매번 제갈량의 푸대접을 받았는데, 그것은 제갈량이 과연 유비에게 인재를 영입하고자 하는 성의와 겸허함의 미덕이 있는지를 시험해보기 위해서였다. 유비는 한결같이 겸손한 모습으로 끝내 제갈량의 마음을 움직였고, 산야에 칩거하던 와룡 선생은 흔쾌히 유비의 요청을 받아들이고 산에서 나와 한漢나라 왕실을 부흥시키는 데 힘썼다.

조조는 서서徐庶가 어머니에 대한 효성이 지극하다는 약점을 이용해 계략을 꾸며 그를 자기 곁으로 끌어들였다. 그러나 진정으로 서서의 마음을 얻지는 못했다. 그가 얻은 것은 단지 불화와 반목, 입을 꼭 다문 채 일언 반구도 없는 껍데기 인재뿐이었다.

인재기용에 관한 위의 두 가지 고사는 상대의 심리를 어떤 식으로 공략하느냐에 따라 얼마나 다른 결과가 나올 수 있는지를 각각 긍정적인 면과 부정적인 측면에서 설명하고 있다.

일반적인 상황에서, 정상적인 심리를 가진 사람들은 어떤 부탁을 받기를 원할까? 바꿔 말해 자신에게 부탁을 해오는 사람들에게 어떤 기대를 가질까? 어느 심리조사 자료를 분석한 바에 따르면, 부탁받는 사람들의 기대와 요구사항을 낮은 수준에서 높은 수준으로 열거해볼 때 다음의 네 단계로 심리를 파악할 수 있다고 한다. 첫째는 안전이다. 부탁하는 사람이 남을 해치거나 속이거나 곤경에 빠뜨리려는 목적 없이 정직하고 떳떳하기를 바라는 것이다. 둘째는 배려다. 청탁자가 자신의 고민이나 괴로움에 관심을 갖고, 개인적인 어려움과 직장에서 겪는 각종 스트레스를 이해해주며 최소한의 사생활을 존중해주기를 원한다. 셋째는 신뢰다. 사람들은 누군가 자기에게 부탁을 해올 때, 청탁자가 자신을 충분히 알고 신뢰하여 자신이 부탁받은 일을 잘해주리라 안심하기를 바란다. 설령 매우 중요한 일이라 하더라도 자신이 제시하는 합리적인 제안을 받아들이고, 그에 관한 일은 자신과 터놓고 대화하기를 원한다. 넷째는 사업이다. 사람들은 대개 청탁자와 자신의 생각, 관심사가 일치해서 자신이 사업상 성취를 얻을 수 있도록 그가 편의를 제공해주길 바란다.

노련한 사람은 누구나 이 네 가지 심리를 공통적으로 가지고 있다는 것을 잘 알고 있을 뿐만 아니라, 사람들 각자가 특별히 기대하는 바에 대해서도 꿰뚫고 있다. 그래서 사람에 따라 비위를 맞춰가면서 서로 다른 유형의 기대들에 대해 서로 다른 각도에서 접근하여 목적을 이룬다.

TALKING WISDOM 공손한 표현이 마음을 움직인다

살다보면 누군가에게 부탁을 해야 할 때가 있다. 그러나 상대방이 내 부탁을 들어줄지의 여부는 별개의 문제다. 그것은 첫째로 나와 상대방의 관계가 어떠한지, 둘째로는 나의 설득력이 어떠한지에 달렸다. 요령 있게 부탁하는 방법을 터득하면 예기치 못한 효과를 가져올 수도 있다.

인간미 넘치는 말 한마디가 딱딱한 원리원칙을 줄줄이 늘어놓는 것보다 더욱 설득력을 갖는다. 그것은 아무래도 대부분의 사람들이 인정과 의리를 보다 중시하기 때문이다.

상대방의 심리상태나 욕구에 따라 간절하게 부탁하는 것이 성공적인 설득방법으로 작용하는 경우를 실생활에서 쉽게 찾아볼 수 있다.

다른 사람에게 도움을 청할 때는 적절한 시기를 파악하는 것이 중요하다. 상대방이 시간적으로 여유가 있고 마음이 편안할 때 도움을 구하면 응낙할 가능성이 높다. 반대로 상대방의 마음이 복잡할 때 당신의 부탁은 그의 마음을 더욱 불편하게 만들 뿐이다. 또 상대방이 다른 일로 한창 정신없을 때는 도움을 구해봤자 확답을 받기 힘들다.

남에게 부탁할 때는 무엇보다 예의를 갖추어야 한다. 어찌되었건 내가 남에게 도움을 청하는 입장이기 때문이다. 예컨대 도무지 풀리지 않는 문제에서 틀린 부분을 지적해주기를 원한다면, "문제 푸는 것 좀 도와주시겠어요?"라고 정중히 요청해야 한다. 시립체육관으로 가는 길을 모를 때라면 길을 지나는 사람에게 "실례합니다만, 시립체육관에 가려면 어떻게 가야 하나요?"라고 물을 수 있다. 상점에서 물건을 고를 때 점원에게는 "그 서류케이스 좀 보여주시겠어요?"라고 말한다. 창문으로 바람이 들어올 때 창가에 앉은 아이에게는 "창문 좀 닫아주겠니?"라는 식으로 지위나 나이에 관계없이 예의를 갖춰야 한다. 남에게 부탁을 할 때는 정중한 표현을 써야 상대방이 쉽게 받아들일 수 있다.

부탁할 때는 태도를 단정히 하고, 말투에도 각별히 주의해야 한다. 굳이 자신을 낮출 필요까지는 없지만 자신을 상대방보다 높이는 태도는 절대 곤란하다. 그리고 진지하면서도 협상하는 것과 같은 어투로 말할 필요가 있다. 예를 들면, "실례합니다. 잠시 지나가겠습니다", "죄송하지만 여기서는 담배를 피우지 말아주시면 합니다", "언제 시간 나시면 저랑 운동이라도 함께하시죠"와 같은 식이다.

그리고 동시에 상대방의 입장을 헤아릴 줄도 알아야 한다.

"이 일이 당신에게 어려운 일이라는 것을 잘 알고 있습니다만, 저도 정말 방법이 없는지라 이렇게 난처하게 해드릴 수밖에 없군요."

객관적인 이유 때문에 상대방이 당신의 부탁을 들어줄 수 없다고 하더라도 그를 원망하거나 화내지 말고 끝까지 예의 바르게 고마움을 표하라.

"신경 써주셔서 고맙습니다."

"괜찮습니다. 다른 사람을 찾아가 부탁해보지요."

이렇게 하면 상대방은 도와줄 여력이 생길 때, 분명 최선을 다해 당신을 도와줄 것이다. 만약 상대방의 형편도 헤아리지 않고 불만을 늘어놓는다면, 앞으로도 그에게 도움을 받을 수 있는 길은 영영 가로막힐 것이다.

TALKING WISDOM 대어를 낚으려면 낚싯줄을 늘여라

당나라 때 경성京城에 두공竇公이라는 사람이 살았다. 그는 총명하고 이 재에 밝았으나, 의외로 재력을 갖춘다거나 돈 버는 능력을 제대로 발휘하 지는 못했다. 어쩔 수 없이, 그는 작은 범위에서 돈을 벌기 시작했다.

그는 돈을 벌 수 있을 만한 방도를 찾아 경성을 두루 돌아다녔다. 그러 던 어느 날 교외로 나간 그는 빼어난 산수를 배경으로 큰 저택이 자리 잡 고 있는 것을 보았다. 알아보니 그곳은 한 고관대작의 집이었다. 저택 뒤 뜰의 담 바깥쪽으로 가보니 연못이 하나 있었는데, 연못은 작은 냇물과 통해 있어 물이 드나들었고 수질도 깨끗한 편이었다. 다만 관리하는 사람 이 없어 주변이 조금 너저분해 보였다.

두공은 속으로 '옳거니, 바로 이거야!'라고 생각했다. 연못 주인은 그곳 을 쓸모없는 땅이라 생각하고 있었으므로 헐값에 두공에게 팔아넘겼다. 연못을 산 두공은 약간의 돈을 더 변통해서 돌을 쌓아 연못 둘레를 꾸미 고, 물의 흐름에 걸림이 없도록 물길을 소통시켰으며, 연뿌리를 심고, 금 붕어를 풀어놓고, 주위에 울타리도 치고, 장미도 심었다.

이듬해 봄, 휴가를 맞아 집에 온 고관이 뒤뜰 어디선가 흘러드는 꽃향 기를 따라 밖으로 나가보니, 입이 떡 벌어질 만큼 아름다운 연못이 펼쳐 져 있었다. 두공은 연못에서 낚시를 하다가 물고기가 입질을 하자 곧장 잡아다 고관에게 바쳤고, 이렇게 해서 두 사람은 친구가 되었다.

어느 날, 두공은 무심결에 지나가는 말처럼 강남을 다녀보고 싶다면서 은근슬쩍 고관에게 도와달라는 뜻을 내비쳤다. 고관은 조금도 주저하지 않고 말했다.

"내가 편지를 몇 통 써드리지요. 지방관리들이 공을 특별히 잘 봐드릴 겁니다."

두공은 이 편지들을 가지고 여러 지방을 돌아다니면서 관부의 든든한 뒷받침에 힘입어 헐값에 물건을 사서 고가에 팔았고, 그리하여 불과 몇 년 안에 큰돈을 벌게 되었다.

그 밖에 다른 사람에게 도움을 청하는 과정 또한 원칙과 순서를 따라 점진적으로 이뤄나가야 한다.

미국 스탠포드 대학의 사회심리학 교수들이 언젠가 학교 근처에 사는 가정주부인 바트 부인에게 흥미로운 실험을 한 적이 있다.

그들은 그녀에게 다음과 같은 전화를 걸었다.

"여기는 캘리포니아주 소비자협회입니다. 소비자의 현황을 보다 구체적으로 알아보기 위해 가정용품과 관련한 몇 가지 질문을 좀 드리고 싶은 데요."

"좋아요, 물어보세요!"

그들은 가정에서 어느 상표의 비누를 사용하는지 등의 간단한 질문을 했다. 물론 이 전화는 바트 부인에게만 건 것은 아니었다.

며칠 후 그들은 다시 전화를 걸었다.

"또다시 번거롭게 해드려 죄송하지만 심층조사를 위해 며칠간 대여섯 명의 조사원이 방문할 예정인데 응해주셨으면 합니다."

이 요구는 매우 부담스러운 것이었지만 역시 동의를 얻을 수 있었다. 이유가 무엇일까? 그것은 바로 첫 번째 전화가 발판이 되었기 때문이다. 이와 반대로 첫 번째 전화를 걸지 않고 바로 두 번째 전화의 내용을 요구 했을 경우에는 거절을 당했다. 그들이 실험 후 백분율을 내보니, 앞의 방식을 취했을 때 그들의 요구에 응한 확률은 **52.8%**였던 반면, 뒤의 방식을 택했을 때 응답한 확률은 **22.2%**에 지나지 않았다.

이로부터 우리는 다른 사람에게 부탁할 때는 작은 일에서부터 큰 일로, 가벼운 것에서 무거운 것으로 옮겨가야 함을 알 수 있다. 만약 처음부터 지나치게 부담되는 부탁을 한다면 상대방은 무 자르듯 당신의 요청을 거절할 것이다. 그러므로 상대가 한 단계 한 단계씩 받아들일 수 있도록 접근하는 것이 다른 사람의 도움을 구하는 작은 기술이다.

선물로
성의를 표시하라

선물은 대인관계에서 소홀히 할 수 없는 예의지만, 상대방이 선물을 거절하거나 완곡하게 사양하는 상황도 발생할 수 있다. 그렇다면 어떤 선물을 어떻게 주는 것이 적절하고 사리에 맞을까? 선물을 주는 데도 전략이 필요하다.

대인관계를 유지해나가다 보면 선물을 주고받아야 할 경우가 적지 않게 생긴다. 명절, 출산, 결혼, 생일, 개업, 이사 등과 같은 기념일이나 감사 표시, 도움 요청 등등의 다양한 상황에서 선물은 빠질 수 없다. 물론 위법한 뇌물수수는 다른 성질의 문제로 여기에 해당되지 않는다.

선물을 '잘' 주는 것도 기술이다. 누구에게, 무엇을, 어떤 방식으로 주어야 하는지, 그것들에 관한 사회적으로 통용되는 기준이 있다. 아래에 소개할 몇 가지 원칙은 성공적인 선물 전달을 위한 좋은 지침이 될 것이다.

TALKING WISDOM 선물의 가격은 합리적으로

일반적으로 선물이 지나치게 가벼우면 성의가 부족해 보이거나 상대를 소홀히 생각한다는 오해를 살 수 있다. 특히 친분이 두터운 사이가 아닐 경우 더욱 그러하다.

　만약 지나치게 가벼운 선물로 어렵고 부담되는 일을 부탁하려 한다면 이 경우 성공 가능성은 거의 없다고 생각하면 된다. 그러나 지나치게 값비싼 선물 역시 받는 사람 입장에선 뇌물을 먹는 듯한 느낌을 가질 수 있으므로 특히 상사나 동료에게 선물할 때는 각별히 주의를 기울여야 한다. 잇속 차리기를 좋아하는 사람이나 담이 유별나게 큰 소수를 제외한 대다수의 사람들은 부담스러운 선물을 사양할 것이고, 간혹 선물을 받더라도 돈을 지불하거나 나중에라도 선물로 답례하고자 할 것이다. 이는 결국 상대방의 소비를 강요하는 것이나 마찬가지다. 만일 상대방이 선물을 받지 않는다면 주는 사람 입장에서 볼 때 돈은 이미 써버렸고 물건은 자기가 가져봤자 별 쓸모도 없을 테니 헛돈 쓰고 골칫거리만 남는 셈이다. 따라서 선물의 경중을 선택할 때는 상대방이 부담을 느끼지 않고 흔쾌히 받을 수 있는지의 여부를 기준으로 삼아야 한다.

TALKING WISDOM 선물의 빈도는 적절하게

　선물을 하는 빈도 역시 신경 써야 할 항목이다. 너무 빈번하게 하거나 혹은 지나치게 뜸한 것도 적절하지 않다. 경제적으로 여유가 있다고 해서 혹은 도움이 절실한 나머지 때를 가리지 않고 수시로 선물공세를 펼친다면, 어떤 사람은 그것을 대범한 것이라 착각해 그렇게 하면 반드시 호감을 얻을 수 있으리라 생각하지만, 사실은 그렇지 않다. 지나치게 빈번한 선물공세는 뭔가 바라는 속내가 있다는 것을 노골적으로 드러내기 때문이다. 게다가 선물을 받는 사람은 답례를 해야 한다는 부담을 안게 된다.

일반적으로 선물은 명절이나 경축일, 생일 등과 같은 중요한 기념일에 하는 것이 적절하며, 선물로 허영을 부리지 않아야 받는 사람의 마음도 편할 것이다.

TALKING WISDOM 선물에는 의미가 담겨 있어야 한다

선물은 감정을 전하는 매개체다. 선물을 통해 감사 표시, 도움 요청, 안부 인사 등 선물하는 이의 특별한 마음이 전달된다. 그러므로 선물은 주는 사람의 마음을 잘 대변하는 것이어야 하며, 받는 이로 하여금 그 선물이 특별하고 값지게 느껴지도록 해야 한다.

실제로 가장 좋은 선물은 상대방의 기호에 잘 맞춘 것으로, 흔하지 않으면서 의미도 담겨 있어야 한다. 따라서 선물을 준비할 때는 상대의 취향에 맞는지, 예술적인 아름다움이 있는지, 기념이 될 수 있는지 등등 다양한 방면을 고려하여 식상한 선물이 되지 않도록 각별한 노력을 기울여야 한다.

TALKING WISDOM 받는 이의 문화를 고려하라

선물을 주기 전에는 반드시 받는 사람의 신분과 취미, 민족문화와 습관을 제대로 알아야 난처한 상황을 피할 수 있다.

또한 선물을 줄 때는 포장에도 신경을 써서 받는 사람의 눈과 마음을 즐겁게 해주는 것이 필요하다.

공식적인 자리에서 선물을 전달할 때 가장 중요한 것은 편하고 자연스러운 태도와 표현이다. 현장에서 선물을 건넬 때는 정중하게 일어서서 받는 사람에게 가까이 간 뒤, 되도록 상대방의 손에 가깝게 두 손으로 전해주도록 한다. 만일 선물이 너무 크다면 다른 사람에게 도움을 구하되 증정하는 사람이 직접 상대방에게 설명을 해주는 것이 좋다. 만일 선물을 전달해야 할 대상이 여럿일 경우 가장 좋은 방법은 연장자부터 연소자, 여성부터 남성, 상사부터 하급자의 순서로 주는 것이 좋다.

선물은 주는 것보다 고르는 것이 더 어려운 법이다. 선물이 도무지 마음에 들지 않거나 쓸모가 없는 경우가 있기 때문이다. 그럴 경우 선물의 의미가 퇴색되어버리는데, 이는 선물의 잘못된 선택에서 비롯된 문제다. 그러므로 선물을 고를 때는 다음 몇 가지에 유의해야 한다.

① 합리적인 가격대에서 선택하라

선물의 가격을 어느 정도로 할 것인가를 결정하는 일은 중요하고도 골치 아픈 문제가 아닐 수 없다. 사람들은 남들이 자신을 쩨쩨하게 보지 않기를 바라지만 수입에 한계가 있기 때문에 마음 놓고 돈을 쓸 수만도 없다. 그래서 선물을 선택할 때는 자신의 능력을 먼저 고려해야 한다. 감당할 수 있는 수준을 넘어서는 선물은 다른 사람도 받지 않으려 할 것이고, 설령 받아들인다 해도 무척 껄끄러울 것이다. 가격과 성의를 함께 고려하는 것은 선물을 하는 데 가장 중요한 원칙이다. 여행을 가거나 평소 쇼핑을 할 때 품질이 뛰어나면서도 저렴한 물건을 사서 선물한다면 받는 사람도 기분이 좋을 것이다. 비싼 가격표가 품위와 직결되는 것은 아니며, 비싼 물건이라고 해서 선물의 효과가 반드시 더 크게 나타나는 것만도 아님을 명심하자.

② 개인적인 선물은 상대방의 기호와 취향에 맞춰서

개인적인 선물을 고를 때는 상대방의 품위와 취향 등을 파악해야 한다. 예를 들자면 캐시미어 머플러나 앙증맞은 주방용품을 선물해도 좋고, 책을 좋아하는 사람에게는 좋은 책 한 권을, 장난감을 좋아하는 사람에게는 재미난 장난감을 선물하는 것도 좋다. 아이가 있는 사람이라면 아이의 선물을 주는 것이 가장 좋을 수 있다. 개인적인 선물을 줄 때 주의해야 할 것은 주는 이와 받는 이의 실질적인 관계를 넘어서지 않는 선에서 선물이 오가야 한다는 점이다. 예를 들어 한 남성이 사무실 동료 여직원에게 예쁜 치마를 선물한다면, 그들의 관계에 대해 다른 사람들이 오해하게 되어 문제를 일으킬 소지가 있다.

③ 현금으로 선물할 때

선물을 고르거나 휴대하는 번거로움을 줄이기 위해 회사직원이나 비즈니스 방면의 친구에게는 현금을 주는 경우도 있는데, 그럴 때는 현금이나 상품권을 봉투에 담아주거나 은행을 통해 직접 송금할 수도 있다.

④ 단체선물을 할 때

요즘은 동료들끼리 돈을 걷어 단체로 선물하는 방식을 선호하고 있다. 이 방식의 장점은 선물을 받는 사람은 기분 좋고, 선물을 주는 사람은 부담이 적다는 것이다. 그러나 이 경우, 각자 내는 금액이 다를 수 있으므로 돈을 걷는 사람은 누가 얼마를 냈는지는 비밀에 부쳐야 한다.

⑤ 먹을거리는 언제나 환영받는 선물

중국 속담에 '백성은 먹을 것을 하늘처럼 여긴다民以食爲天'는 말이 있다. 만일 어떤 선물을 해야 좋을지 감이 안 잡힐 때는 먹을거리를 선물해보자. 맛있는 음식을 마다할 사람은 아무도 없을 것이다. 깔끔하게 포장되었거나 상자 안에 밀봉된 견과류나 과자, 비스킷 같은 간식거리는 가정용 선물로 제격이다.

⑥ 어느 연령층이나 좋아하는 꽃과 예술품

꽃 선물은 안부, 축하, 위문, 감사의 상징이다. 꽃은 가격 선택의 폭이 넓기 때문에 경우에 따라 커피메이커나 예쁜 화병 등과 같이 오래 쓸 수 있는 다른 선물과 함께 주기도 한다. 꽃과 함께 주는 선물은 구체적인 상황에 따라 선택할 수 있다. 통상적으로 장미는 꽃말에 담긴 의미 때문에 주로 연인 사이에 주고받는 경우가 많지만, 그 밖에는 어떤 종류의 꽃이라도 특별한 구애를 받지 않는다. 주부에게 꽃을 선물할 때는 만나는 날 들고 가기보다 만나기 전 혹은 만난 다음 날 집으로 보내는 편이 낫다. 꽃을 받고 나서 당장 꽃아놓을 데가 마땅치 않을 수 있기 때문이다. 아예 꽃을 사무실로 보내거나 분재식물을 선물하는 것도 괜찮다.

선물할 때 가장 골치 아픈 일은 상대가 받기를 원치 않거나 심한 말로 거절하거나 혹은 완곡하게 사양하거나 나중에 되돌려주는 따위의 일들이다. 이런 경우 선물을 하려던 사람은 입장이 매우 난처해지고 때로는 이중으로 손해를 보게 된다. 그렇다면 어떻게 해야 이런 일을 미연에 방지하고 한 번에 성공시킬 수 있을까? 관건은 구실을 얼마나 잘 만들어내고 말을 조리 있게 하는가에 달렸다. 그러려면 머리를 써서 모든 지혜를 동원해야 한다. 이를 위해 몇 가지 효과적인 방법들을 소개하고자 한다.

① 남의 꽃을 빌어 부처에게 바치다借花獻佛

만일 특산품을 선물하려 한다면, "고향에서 누가 사가지고 왔는데 얼마 되지는 않지만 맛 좀 보라고 조금 나눠가지고 왔다"고 말하라. 일부러 돈 들여 산 것이 아니라고 말이다. 선물을 받을 때 다른 목적이 있는 건 아닌가 싶어서 거부감이 드는 경우도 있지만, 이런 식으로 말하면 대개는 부담 없이 받아들이게 된다.

② 아무도 모르게 진창을 건너가다暗渡陳倉

만일 선물하려는 것이 술이라면, 다른 사람에게 두 병을 선물받았는데 같이 한잔할까 해서 왔다고 구실을 대면서 한 병은 마시고 한 병은 선물하는 것도 좋은 방법이다. 그러면 은근슬쩍 선물도 전하고 관계도 가까워질 수 있으니 일석이조라 할 수 있다.

③ 말을 빌려 길을 안내하다借馬引路

선물을 하고 싶지만 아직 상대방과 잘 알고 지내는 사이가 아닐 때, 상대방의 생일이나 결혼에 맞춰 친한 사람 몇몇과 함께 찾아가 선물을 건네고 축하해주는 것도 한 방법이 될 수 있다. 그러면 당사자가 선물을 사양하기도 쉽지 않을뿐더러 나중에 아이디어를 낸 사람이 당신이라는 걸 알게 됐을 때 자연스럽게 호감을 보낼 것이다. 주변 사람들의 힘을 빌려 선물을 전하고 친분을 맺는 목적을 이룰 수 있다면, 그야말로 상책이라 할 것이다.

④ 꽃을 옮겨 나무에 접붙이다移花接木

장씨는 유씨에게 부탁하고자 하는 일이 있어 선물을 보내고 싶었으나 만에 하나 유씨가 거절해서 체면이 구겨질까봐 걱정이었다. 그런데 알고 보니 장씨의 부인과 유씨의 여자친구는 매우 절친한 사이였다. 그리하여 장씨는 부인에게 대신 선물을 들고 찾아가게 했고, 결과는 성공이었다. 유씨가 선물을 받았음은 물론이고 일도 매우 흡족하게 처리되었던 것이다. 때로는 직접 나서는 것보다 다른 이의 도움을 받아 우회적으로 뜻을 전달하는 방법이 더욱 효과적일 수 있다.

⑤ 닭을 빌려 달걀을 낳게 하다借鷄生蛋

한 부하직원이 상사에게서 많은 도움을 받고 줄곧 보답하고 싶어 했지만 기회가 닿지 않았다. 그러던 어느 날 우연히 상사의 액자에 탁본이 담겨져 있는 것을 보았는데, 탁본의 수준이 그 집의 고상한 풍격에 그다지 어울리지 않았다. 마침 그에게는 전국에서 이름난 서예가인 숙부에게서 선물받은 서화가 있었다. 그는 곧장 그 서화를 가져다 액자에 끼워넣었다. 물론, 상사는 거절하지 않았을 뿐 아니라 무척 마음에 들어 했다.

⑥ 길을 빌려 다리를 놓다借路搭橋

선물을 건넬 때, 받는 이에게 공장도가나 도매가 혹은 특별 세일가격에 샀다고 말하면서 형식적으로 약간의 비용만 받으면, 선물의 효과는 동일

하면서 받는 이도 돈을 주었기 때문에 마음의 부담을 덜 수 있다.

　마지막으로 강조하고 싶은 것은, 위에서 말한 선물은 자신과 타인 모두에게 해가 되는 뇌물과는 분명하게 구분되어야 한다는 점이다.

남에게
먼저 도움을 주어라

타인의 도움을 받게 되면 감사의 마음과 함께 언젠가 고마움에 보답하리라는 마음이 드는 것이 인지상정이다. 이와 같은 맥락에서, 내가 다른 사람에게 도움을 주면 상대방도 나를 도울 것이다. 그러므로 타인을 돕는 것은 결국 나 자신을 돕는 것과 같다.

이번 전략은 타인이 어려움에 처했을 때 적극적으로 도와, 마치 은행에 예금을 하듯이 의리와 인정을 쌓아두었다가 나중에 도움을 받을 수 있도록 하는 실용적인 전략이다.

사람들과 만나다보면 누군가에게 도움을 줄 기회가 있게 마련이다. 그때 주동적으로 나서서 돕는다면 그것을 계기로 인심을 '적립'하게 된다. 인심은 곧 재산이나 마찬가지며, 여러 사람들과 왕래하는 가장 기본적인 목적도 바로 호의를 통해 인간관계를 돈독히 하고 인연을 쌓아가는 것이다. 누군가에게 도움을 구하는 일은 피동적일 수밖에 없지만 만약 그 누군가가 당신의 호의를 빚진 사람이라 도움을 구하기가 보다 수월할 것이고, 심지어 때로는 먼저 입을 열지 않아도 알아서 도움을 주려고 나설 것이다. 성공적인 인간관계와 사회생활은 대개 선행과 호의를 얼마나 베풀

었느냐에 달려 있다.

다음에 소개하는 몇 가지는 가장 자주 접하게 되는 응용전략들로, 참고하면 도움이 될 것이다.

TALKING WISDOM 가는 정이 있으면 오는 정이 있다

모 제화회사 설립자인 빌은 단돈 350달러로 사업을 시작해 불과 10년 만에 1,000만 달러의 자산을 소유한 미국 최대의 제화기업으로 성장시켰다. 그가 업계에서 발붙일 수 있었던 이유는 자신이 먼저 호의를 베풀어 어려울 때 도움을 받았다는 데 있었다. 창립 초기에는 자금이 턱없이 모자랐기 때문에, 그는 혼자만의 실력으로는 동종업계의 대형 제조업자들과 겨룰 수 없으며 반드시 외부의 인력과 물력, 재력을 끌어와야 한다는 것을 잘 알고 있었다. 그는 그렇게 하기 위해서는 먼저 자신이 도움을 주어 마음을 얻는 방법밖에는 없다고 생각했다.

한번은 빌의 회사에서 생산하던 흰색 구두끈과 같은 색의 매듭 달린 구두가 신시내티 지역에서 판로를 잃어 소매상들로부터 매일같이 반품을 요구하는 전화가 빗발치게 걸려왔다. 이는 그 지역의 도매상들을 애타게 만들었다. 그날 밤 한 도매상 주인이 급하게 빌을 찾아와 대책을 논의했다. 만일 소매상의 요구대로 물건을 회수한다면 도매상들은 어마어마한 경제적 손실을 입게 될 것이었다.

빌은 이렇게 말했다.

"당신의 어려움은 곧 나의 어려움입니다. 원인이야 어찌됐든 이런 지경에 처한 당신에게 결코 손실을 입힐 수는 없지요. 우선 구두를 몽땅 회수

해서 저한테 보내시고 다른 디자인으로 바꿔 가세요."

도매상 주인은 감동해서 말했다.

"그렇지만 당신 혼자 밑지게 할 순 없어요."

빌이 친절하게 말했다.

"우리는 한 가족입니다. 그러니 누가 손해를 보든 똑같지 않겠습니까? 이 일은 마땅히 내가 처리해야 옳아요."

이 얘기가 전해지자 전국 각지의 도매상들은 빌을 더욱 존경하게 되었다. 그 밖에 이와 유사한 빌의 일화는 너무 많아서 일일이 열거할 수도 없을 정도였다. 도매상과 소매상들은 빌의 배려 깊은 행동에 실제로 보답했다. 그들은 빌의 회사에서 만드는 구두를 전력을 다해 팔아주었을 뿐만 아니라 빌의 회사에 화재가 났을 때도 자발적으로 조직을 만들어 빌이 무사히 난관을 헤쳐나갈 수 있도록 도왔다.

그해, 홍수로 제방이 터지면서 빌이 대출받아 새로 지은 현대식 제화공장 설비와 재료, 제품들이 몽땅 물에 잠겨버렸다. 그야말로 마른하늘에 날벼락을 맞은 빌은 눈물조차 나오지 않았고, 죽고 싶은 생각마저 들었다. 그가 상심에 빠져 있을 때 빌이 거래하던 가장 큰 도매상 몇 곳에서 그를 찾아와 다시 일어서라고 격려해주었다. 그러나 빚조차 갚을 길이 없는 빌이 공장을 재가동할 자금이 있을 리 만무했다. 그때 한 도매상이 조금도 주저 없이 말했다.

"걱정 말아요. 계속하겠다는 마음만 있으면 돈 문제는 내가 알아서 하지요."

또 다른 도매상이 말했다.

"예전에 우리가 어려웠을 때 당신이 우리를 도와줬잖소. 그러니 지금 우리도 팔짱만 끼고 가만히 지켜볼 수만은 없지요."

5일 후, 그들은 전국 각지에서 수백 명의 도매상을 불러 모아 회의를 열었고, 겨우 두 시간 만에 새로 공장을 돌아가게 할 만한 큰돈을 모았다. 그리하여 1주일 후 빌은 성공적으로 공장을 재가동시킬 수 있었다.

사람은 초목이 아닌 이상 누구나 감정을 가지고 있고 인정을 저버리지 못한다. 빌은 다른 사람이 어려움에 처했을 때 자신의 이익까지 희생해가며 도움의 손길을 내밀었기에, 자신이 재난을 당했을 때 보답을 받을 수 있었던 것이다.

TALKING WISDOM 인심을 사라

사람을 다스리는 도리 가운데 제일은 인심을 얻는 것이다. 누군가 자신에게 진정한 충성과 순종을 다하기를 바란다면 반드시 감동과 지혜를 통해 마음으로 그를 정복해야 한다. 으르고 협박하는 것은 순간적인 복종밖에 이끌어내지 못하지만 진심으로 감동시키는 것은 그 효과가 영원히 지속된다.

송태종宋太宗 재위 기간에 탕구트黨項, Tangut족의 수령 이계천李繼遷이 수시로 군사를 이끌고 변경을 침략해왔는데, 그는 우매하고 완고한 데다 말에 신용이 없어 송나라와 화의를 맺었다가도 금세 태도를 바꾸는 바람에 송나라 서부 변경은 바람 잘 날이 없었다.

송 조정에서는 이계천의 침략에 맞서기 위해 온갖 방법을 강구했지만 결과는 늘 마찬가지여서 별다른 효과를 거두지 못했다.

그러던 어느 날, 변경부대로부터 이계천의 모친을 붙잡았다는 보고가 조정에 들어왔다. 송태종은 뜻밖의 희소식을 전해 듣고는 일벌백계하고자 그 모친을 죽이라는 명령을 내리려고 했다. 그러자 재상 여단呂端이 황제에게 아뢰었다.

"이는 좋은 방법이 아닙니다. 예전에 초나라와 한나라가 싸울 때 항우項羽가 유방劉邦의 부친을 볼모로 잡아 삶아 죽이겠다고 협박했지만 유방은 오히려 '그대가 나의 아버지를 삶아 죽이겠다면, 나에게도 그 고깃국 한 그릇 나눠주시게'라고 큰소리를 쳤습니다. 이를 보건대 진정으로 큰일을 도모하려는 사람은 자신의 육친조차도 돌보지 않습니다. 유방 같은 이도 이러할진대 하물며 이계천 같은 악한은 어떻겠나이까! 폐하께서 오늘 그의 모친을 죽이신다고 해서 내일 그를 잡아들일 수 있으리라고는 보장하지 못합니다. 오히려 그가 더욱 미쳐 날뛰어 보복을 할 것이 분명하고, 그의 반발심만 부추겨 더 많은 문제가 생길 것입니다."

송태종은 이 말을 듣고 무언가 깨달은 듯 물었다.

"그러면 어찌해야 좋을지 그대의 생각을 말해보시오."

여단이 말했다.

"우매한 신의 생각으로는 그의 모친을 연주延州로 데려가 그곳에 살게 하고 사람을 보내 정중히 대접하게 하여, 이를 미끼로 이계천을 귀순토록 하는 것이 가장 좋을 듯합니다. 설령 투항은 하지 않는다 하더라도 제 모친의 생사가 우리의 수중에 달려 있으니, 꺼리는 바가 있어 함부로 굴지는 못할 것입니다."

송태종은 여단의 뜻에 따라 처리하고 이계천의 모친을 잘 봉양하도록 했다. 그로부터 몇 년 후, 이계천의 모친이 연주에서 죽자 송 조정은 예를 갖추어 장례를 치러주었다. 다시 그로부터 10여 년 후, 이계천도 죽어 그

아들이 왕위를 계승하였는데, 그는 결국 송왕조의 태도에 깊이 감동하여 송나라에 투항하고 세공을 바쳤다.

TALKING WISDOM 눈이 올 때 땔감을 보내라

눈이 올 때 땔감을 보내주고 목마를 때 물을 준다는 중국 속담은 이 전략의 특징을 잘 보여주고 있다. 누군가 어려움에 처했을 때 도움을 필요로 한다는 것은 가장 기본적인 상식이다. 또한 우리 마음속에는 중요하건 중요하지 않건 필요를 느끼는 것들이 있게 마련이다. 그리고 다급하게 도움이 필요할 때 다른 이의 도움을 받는다면 그보다 고마운 일은 없을 것이다. 심지어 죽을 때까지 그 고마움이 잊히지 않을 수도 있다. 굶어 죽기 직전에 빵 한 조각을 건네는 것은 풍족할 때 금으로 만들어진 산을 선물하는 것이나 마찬가지여서, 작은 도움이라 할지라도 받는 사람의 심정은 완전히 다르게 마련이다.

삼국이 패권을 다투기 전, 주유는 아직까지 출세의 뜻을 이루지 못했다. 그는 일찍이 원술袁術의 부하로 있으면서 거소居巢라는 작은 현縣을 맡고 있었다.

그때 작황이 좋지 않아 그 지방에 기근이 든 데다 전란 때문에 피해가 커서 식량문제는 날로 심각해졌다. 거소의 백성들은 먹을 것이 없어 풀뿌리나 나무껍질로 연명하다 굶어 죽는 사람이 많았으며 군사들도 전투력을 상실했다. 주유는 그 비참한 광경을 보고도 마음만 다급해할 뿐 어찌할 바를 몰라 했다.

그런데 어떤 이가 방안을 내놓기를 근처에 배포가 크고 잘 베풀기로 유명한 노숙肅肅이라는 부자가 있는데 그의 집에 분명 양식이 많이 저장되어 있을 터이니 그에게 원조를 요청하자는 것이었다.

주유는 사람을 데리고 노숙을 찾아가 잠시 한담을 나눈 뒤, 곧바로 찾아온 이유를 말했다.

"사실 이렇게 찾아온 연유는 식량을 빌리고자 함입니다."

노숙은 주유의 훤하고 늠름한 풍채를 보고는 훗날 대성할 인재임을 알아보았다. 그가 지금은 한낱 보잘것없는 현령 신분이지만 이 사실에 전혀 개의치 않고 노숙은 크게 웃으며 말했다.

"그런 것쯤이야 물론 도와드려야지요."

노숙은 직접 주유를 데리고 곳간으로 갔다. 그의 집에는 곳간 두 개가 있었는데, 노숙이 호탕하게 말했다.

"빌려주고 말고 할 것 없이 두 곳간 중 하나를 아예 드리지요."

주유와 그 수하들은 그의 대범함에 놀라 입을 다물지 못했다. 이 같은 흉년에는 양식이 곧 생명이었기 때문이다. 주유는 노숙에게 깊은 감명을 받았고 두 사람은 곧 친구가 되었다.

훗날 주유가 출세하여 오吳나라 손권의 장수가 되었을 때 그는 노숙의 은혜를 잊지 않고 그를 손권에게 추천하였고, 그로써 노숙도 결국 자신의 뜻을 펼칠 기회를 얻게 되었다.

어려울 때 받은 도움은 쉽게 잊지 못하는 법이다. 곤경에 처한 사람에게 동정심을 품는 것만으로는 부족하다. 난관을 헤쳐나갈 수 있도록 눈에 보이는 도움을 주어야만 한다. 어려움을 함께 나누는 행위는 상대방을 가장 쉽게 감동시킬 수 있는 방법이며 나아가 이를 계기로 두 사람의 우정이 싹틀 것이고, 후에 처지가 나아지면 그 역시 적극적으로 당신에게 도움을 줄 것이다.

TALKING WISDOM ## 비위를 맞춰라

춘추전국시대, 연燕나라의 태자단太子丹은 형가荊軻를 매수해 진秦왕을 암살할 요량으로 형가의 비위를 맞추기 위해 애썼다. 한번은 형가가 태자단과 함께 말을 타고 거닐었다. 태자단의 말은 하루에 천 리를 달린다는 명마여서 평소 태자단이 애지중지했다. 그런데 공교롭게도 그날 무슨 생각이었는지 형가는 말의 간이 별미라는 이야기를 꺼냈다. 얼마 지나지 않아 요리사가 형가에게 말의 간을 볶아 만든 요리를 한 접시 보내왔다. 형가가 물으니 태자단이 아끼던 말을 죽여 그 간으로 안주를 만들어 선물한 것이라 했다.

또 한번은 태자단이 형가를 화양대華陽臺로 초대해 주연을 베풀고 자기가 총애하던 미인을 불러다 금琴을 타며 흥을 돋우게 했다. 형가는 그 미인의 손이 백옥같이 희고 고운 것을 보고 그저 지나가는 말로 "손이 참으로 아름답구나!"라고 말했다. 그러자 연회가 끝난 후 태자단이 사람을 시켜 옥쟁반을 가지고 오게 했는데, 쟁반에 올려져 있는 것은 다름 아닌 미인의 양손이었다. 쟁반을 들고 온 하인이 말하기를, "태자께서는 공의 마음에 들기만 한다면 이쯤은 아무것도 아니라고 하셨습니다"라고 하였다.

형가는 태자단이 이렇게 자신을 알아주고 몇 차례나 후하게 대접해준데 대해 크게 감동했다.

"태자께서 나를 이토록 후대하시니 이 은혜, 목숨을 바쳐 갚아도 아깝

지 않겠구나!'

그는 결국 태자단을 위해 목숨을 걸고 진왕을 암살할 자객이 되었다.

다른 사람을 도울 때는 다음의 몇 가지를 주의해야 한다. 먼저 도움을 주면서 너무 솔직하게 말해서는 안 된다는 점이다. 지나치게 까밝혔다가는 상대방을 무안하게 만들 수 있다. 그리고 남을 도와준 일에 대해 사방팔방 떠들고 다녀서도 안 된다. 또 한 번에 지나치게 많은 도움을 주느라 상대에게 부담감을 줘 교제가 끊어지는 일이 생겨서도 곤란하다. 마지막으로 호의를 베풀 상대를 선택하는 데도 신중해야 한다. 아무리 먹어도 배부름을 모르는 늑대처럼 만족할 줄 모르는 사람이라면 도움을 준들 아무것도 돌아오지 않을 수도 있다.

때로는
선의의 거짓말도 필요하다

거짓말은 나쁜 것이지만 때로는 선의의 거짓말이 필요한 순간이 있다. 어쩔 수 없이 거짓말을 해야 할 경우에는 첫째로 상대방을 기만하려는 악의가 없어야 하며, 둘째로 그 거짓말이 들통 났을 때 그럴듯하게 둘러댈 수 있어야 한다.

어떤 필요에 의해, 혹은 직언을 하기가 어려운 경우, 사람들은 때로 자신의 진정한 속내를 숨긴 채 겉과 속이 다른 말을 하기도 한다. 영국의 생물학자 다윈은 농담 반 진담 반으로 "대자연은 기회만 있으면 거짓말을 한다"고 말했다. 외국의 어느 작가도 "우리는 말을 배움과 동시에 거짓말을 배운다"고 했다.

어린 아이들은 혼나지 않기 위해 거짓말을 하고, 어른들은 각양각색의 이유로 거짓말을 한다. 평생 한 번도 거짓말을 하지 않은 사람은 아마 세상에 없을 것이다.

거짓말은 곧 사실과 진상을 덮어 감추는 것이기에 하라고 일부러 부추길 수는 없지만, 원만한 교제를 위해서나 난감한 상황을 모면하기 위해 혹은 기타 여러 이유로 거짓말을 해야 하는 상황이라면 거짓말도 하나의 처세법이 될 수 있다. 자연스러움을 잃지 않고 적절한 기교를 더한다면 거짓말도 충분히 감동적이고 사랑스럽고 익살스러울 수 있다.

1980년대 중반, 유명한 피아니스트 호로비츠Vladimir Horowitz가 백악관에서 연주회를 가졌는데 레이건 대통령과 영부인 낸시도 그 자리에 참석했다. 연주회가 끝난 후 레이건 부부는 축하를 위해 무대 위로 올라갔다. 그때 무대에 오르려던 낸시가 실수로 무대 아래 꽃바구니 속으로 발을 헛딛고 말았다. 관중석 여기저기에서 웃음이 터져 나왔고 당황한 낸시는 서둘러 "괜찮아요, 전 괜찮아요"라고 말했지만 웃음소리는 오히려 더 커져만 갔다. 그때 레이건이 조용히 앞으로 걸어와 낸시에게 말했다.

"이 방법은 내가 분위기를 썰렁하게 만들어서 박수를 필요로 할 때 쓰기로 하지 않았소?"

레이건의 재치 있는 임기응변에 순간 갈채가 쏟아졌다.

웃음바다였던 장내의 분위기가 바뀔 수 있었던 것은 레이건 대통령이 즉석에서 내뱉은 거짓말 덕분이었다. 레이건의 거짓말이 부인의 실수를 마치 미리 준비된 행동처럼 보이도록 만든 것이다. 재치 넘치는 이 한마디가 실족에서 비롯된 무안함을 덜어주었고, 실수를 오히려 사람들이 감탄할 만한 유머로 둔갑시켰다.

만일 레이건의 거짓말이 영부인의 크지도 작지도 않은 실수를 덮어주었다고 한다면, 거짓말을 적절히 이용하는 것도 때에 따라 치명적인 결점을 해소시켜주는 놀라운 해결책이 된다고 말할 수 있다.

이 전략은 일상생활 속에서 활용도가 매우 높다. 이를 제대로 활용하기 위해서는 먼저 평소에는 되도록 거짓말을 하지 말고 꼭 필요할 때에만 해야 한다. 말이 많아지면 반드시 실수하게 되는 법이다. 평소 거짓말을 너무 많이 하면 필연적으로 결점이 드러나게 되어 있고, 결국 자신의 신뢰도를 떨어뜨린다. 한 번 신용을 잃으면 이후로 거짓말을 할 수 있는 가능성을 잃게 된다. 그 이유는 간단하다. 왜냐하면 사람들은 내가 걸핏하면 거짓말을 늘어놓는다는 것을 알고 있기에 내가 하는 말을 믿을 리 없고, 설령 내가 하는 모든 말이 진짜라고 해도 믿지 않으려들 것이다. 그러니 거짓말이라면 오죽하겠는가. 말을 너무 많이 하다보면 어떤 때는 스스로 헤어 나올 수 없는 지경에 빠져 거짓말을 하게 되고 그걸 진짜처럼 보이기 위해 마치 도미노처럼 두 번째, 세 번째, 네 번째 거짓말을 해야 한다.

아래에 도움이 될 만한 기혼남 몇 명의 실전사례를 소개해보겠다.

① 선의의 거짓말일지라도 지나친 과장은 곤란하다

남편이 밖에서 지나치게 술에 취해 들어오면 아내는 당연히 화가 날 것이다. 곤드레만드레해서 집에 돌아와 아내를 달래며 한다는 말이 "딱 한 잔밖에 안 마셨어, 진짜야!"라면 믿음을 주기는커녕 아내의 화를 더욱 돋울 뿐이다. 왜냐하면 그게 거짓말이라는 것은 누구라도 알 수 있기 때문이다. 따라서 거짓말이 지나치게 과장되어 다른 사람이 쉽게 알아챌 수 있다면 그 말은 상대방에게 유쾌하게 받아들여지기보다 둘 사이의 신뢰에 위기를 가져올 수도 있다.

② 거짓말과 연관된 물건을 주의하라

장씨는 출장을 갔다가 너무 바쁜 나머지 그만 아내의 선물을 깜빡했다. 그는 집에 들어갈 때 집 근처 상점에 들러 출장지의 특산품을 사다가 아내에게 주며 말했다.

"이게 그 지역에서 제일 좋은 물건이라기에 내가 특별히 당신 주려고 사왔어!"

그러나 다음 날 아내는 남편의 호주머니에서 그 물건의 영수증을 발견했고 몹시 화를 냈다.

거짓말을 하다보면 그와 연관되는 것들이 생기게 마련이므로 말로만 알아채지 못하게 속이는 것으로는 부족하다. 만일 상대방이 다른 곳에서 거짓을 발견한다면 당신의 거짓말은 범죄의 증거가 되는 셈이다. 그러므로 '언행일치'를 위해서 스스로 제 발등을 찍는 일은 절대로 만들어서는 안 된다.

③ 새로운 거짓말도 반복하면 뻔한 거짓말

어느 날 밤, 야근을 하고 돌아온 정씨는 아내의 심기가 불편함을 알아챘다. 그때 정씨가 '크리스털 러브'라는 이름의 젤리를 꺼내며 말했다.

"여보, 내가 당신 주려고 남아프리카까지 가서 이 크리스털을 찾아 헤매다 방금 막 날아왔어."

그 말에 아내는 금세 환한 표정을 지으며 맛있게 젤리를 먹기 시작했다. 착한 거짓말 한마디가 두 사람 사이에 벌어졌을지도 모를 싸움을 막아준 것이다. 이러한 창의적인 거짓말은 한 번은 재미있다며 상대방이 넘어가 줄 것이다. 하지만 몇 번이고 우려먹어도 되겠거니 착각해서는 안 된다. 똑같은 거짓말이 여러 번 중복되면 그 의미를 완전히 잃을 수도 있다. 예를 들어 이 일화의 정씨도 매번 남아프리카에서 보석을 찾을 수는 없는 노릇이다. 만약 이런 거짓말을 계속한다면 아내는 이렇게 말할지 모른다.

"이제 재미없어. 당신은 거짓말 하나 제대로 못 지어내!"

④ 격려가 되는 거짓말을 많이 하라

어느 주말, 자오씨의 아내가 주방에 들어가 콧노래까지 흥얼거리며 즐겁게 요리를 하고 있었다. 자오씨는 아내의 요리를 늘 맛보지만 솔직히 말해서 그 솜씨란 겨우 목구멍으로 넘길 만한 수준이었다. 그러나 남편은 아내가 내놓은 검게 탄 계란말이까지 맛있게 먹으며 말했다.

"여보, 난 당신이 해준 요리가 제일 맛있어!"

"정말?"

아내가 기쁨을 감추지 못하며 묻자 남편은 한술 더 떠 대답했다.

"그럼, 갓 구워낸 뜨끈뜨끈한 사랑까지 맛볼 수 있는걸!"

이 전략은 부부 사이뿐만 아니라 비즈니스나 교우관계 등 다양한 방면에서도 자주 쓰인다. 그러나 거짓말에도 반드시 지켜야 할 기본원칙이 있으니, 그것은 거짓말이 못된 속임수나 사기 수준으로까지 발전해서는 안 된다는 점이다. 거짓말은 양날의 칼과 같아서 잘만 쓰면 선의의 목적을 달성할 수 있지만 자칫하면 타인과 자신 모두를 다치게 할 수도 있기 때문이다.

상대방을
설득하라

우리는 살아가면서 종종 다른 사람에게 설득당하기도 하고 반대로 상대방을 설득하기도 한다. 남을 설득 시키지 못하는 사람은 사회생활에서 성공하기 힘들다. 어떻게 하면 다른 사람이 당신을 설득시킬 수 있을 거라고 생각하는가? 해답을 찾았다면, 그 답을 가지고 자신이 설득하고자 하는 사람을 설득시켜보라.

남을 설득시킨다는 것은 궁극적으로 누군가로 하여금 당신의 뜻에 따르게 만든다는 의미이다. 일상생활 혹은 사회생활에서 설득이 필요한 대상은 부모, 상사, 고객, 친구, 면접관 등등 매우 많다. 우리는 언제 어디서든 남을 설득해야 할 상황에 부딪칠 수 있으며, 그렇기 때문에 설득의 기술을 익히고 있어야만 이상적인 효과를 거둘 수 있다.

TALKING WISDOM 분위기를 조절하며 필요할 땐 한발 물러서라

설득을 할 때는 먼저 대화의 분위기를 어떻게 이끌어나갈지부터 생각해두어야 한다. 명령보다는 부드럽고 상냥한 말투로 질문하는 방식을 택해 상대의 자존심을 세워준다면 우호적이고 협조적인 분위기가 형성되어 설득도 성공적으로 이끌어나갈 수 있다. 반면 타인을 존중하는 태도를 보이지 않고 거만한 자세로 나온다면 십중팔구는 실패로 돌아간다. 사람은 누구에게나 지키고자 하는 자존심이 있다. 하다못해 세 살 난 어린 아이에게도 자기 나름의 자존심이 있으며, 누구도 남이 자기한테 이래라저래라 하는 것을 원치 않는다.

선의의 위협이 필요할 때가 있다

때로는 가벼운 위협도 상대방에게 두려움을 느끼게 함으로써 설득의 목적을 달성하는 데 도움이 된다.

한 단체 여행객들이 바쁜 일정을 마치고 피곤에 지쳐 예약해놓은 호텔로 갔는데, 하필이면 그날 저녁 객실 온수공급이 끊기는 일이 발생했다. 이를 해결하기 위해 여행자 대표가 호텔 지배인을 만났다.

여행자 대표가 말했다.

"이렇게 늦은 시간에 나오시라고 해서 죄송합니다. 그런데 보시다시피 다들 온몸이 땀으로 젖었는데 씻지도 못하는 상황이니 이를 어떻게 합니까? 우리가 예약할 때만 해도 객실 내 온수공급에 전혀 문제가 없다고 말씀하시지 않았습니까? 책임지고 문제를 해결해주기 바랍니다."

"저희로서도 방법이 없습니다. 보일러공이 작업 후에 온수 트는 걸 깜빡하고 퇴근해버렸거든요. 대신 단체욕실을 개방해놓으라고 지시해두었으니 그곳에서 씻으시면 됩니다."

"네, 씻는 건 단체욕실에서 한다고 쳐도 이 문제는 분명히 하고 넘어가야겠습니다. 우리는 하룻밤에 일인당 오만 원을 객실 요금으로 지불했고,

우리가 예약한 것은 단독욕실이 딸린 방이었습니다. 그런데 단체욕실에서 씻게 되었으니 단체객실 등급으로 떨어진 것이나 다름없습니다. 그러니 일인당 만오천 원씩 환불해주시지요."

"아뇨, 그건 불가능합니다."

"그렇다면 객실에 온수를 공급해주시든가요."

"저도 방법이 없습니다."

"방법이 없긴요!"

"그럼 어떻게 해야겠습니까?"

"두 가지 방법이 있습니다. 하나는 보일러공을 불러오는 것이고, 다른 하나는 지배인이 직접 객실마다 뜨거운 물 두 양동이씩을 가져다주는 겁니다. 물론 저도 지배인을 돕는 차원에서 모두들 인내심을 갖고 기다리도록 설득해드리지요."

교섭 결과, 지배인은 결국 사람을 시켜 보일러공을 불러왔고, 40여 분 뒤 모든 객실에는 온수가 공급되었다.

위협은 설득력을 강화시킬 수 있는 방법이지만 이를 적용할 때 주의해야 할 점이 몇 가지 있다. 첫째, 우호적인 태도를 유지해야 한다. 둘째, 이치를 분명하고 조리 있게 설명해야 한다. 셋째, 위협의 정도가 지나쳐서 역효과를 불러일으켜서는 안 된다.

TALKING WISDOM 적절히 비위를 맞춰가며 마음을 통하라

타인의 입장에 서서 문제를 분석하면 상대방에게 남을 배려한다는 인상을 줄 수 있다. 이렇게 다른 이의 비위를 맞추는 기술은 때로 매우 강한 설득력을 갖는다. 이를 위해서는 상대를 알고 나를 아는 지피지기가 매우 중요한데, 이는 먼저 상대를 파악하고 그런 연후에 상대의 입장에서 문제를 고려하는 것이다.

어느 정밀기계 공장이 신제품 출시 과정에서 제품의 부품 제조를 하청업체에 위탁했다. 하청업체에서 부품을 절반 정도 본사에 납품했을 때 본사에서는 이 부품들이 자신들이 요구했던 사양에 부합하지 않는다는 것을 발견했다. 상황이 긴박한 탓에 본사 책임자는 최대한 빨리 다시 생산해줄 것을 요구했지만, 하청업체 책임자는 분명히 본사의 규격에 맞춰 제작한 것이니 다시 생산할 수 없다고 주장했다. 그렇게 쌍방은 양보 없이 팽팽히 맞서는 상황을 지속시켰다. 본사의 공장장이 이 상황을 보고 경위를 물은 뒤 하청업체 책임자에게 말했다.

"제 생각에 이번 일은 온전히 본사 측이 주도면밀하지 못해 비롯된 일입니다. 거기다 업체에 손해까지 끼쳐드렸으니 정말 죄송하게 됐습니다. 다행히 오늘 와주신 덕분에 이런 결점이 있다는 걸 발견할 수 있었습니다. 다만 제품은 생산해야 하는데 일이 이렇게 돼버렸으니 그쪽에서 조금만 더 신경 써서 마저 만들어주시면 어떻겠습니까? 그게 우리 양쪽 모두에게 좋은 일일 듯합니다."

하청업체 책임자는 그 말을 흔쾌히 응낙했다.

TALKING WISDOM 통하는 부분을 찾아 목표에 접근하라

다른 사람의 말을 완강히 거절하는 데 습관이 된 사람은 늘 마음속에 '노No'를 품고 있기 때문에 자신도 모르는 사이 표정과 자세에서 딱딱함이 배어 나온다. 만약 이런 사람을 대할 때 처음부터 본론으로 들어가 설득하려들면 절대로 그의 '노' 심리를 무너뜨릴 수 없다. 그러므로 이럴 때는 상대방과 일치하는 점을 찾아 먼저 주제와 상관없는 이야기부터 당신의 의견에 동의하도록 만들고, 그가 당신의 이야기에 흥미를 느끼게 되면 그때 다시 주제로 돌아와 상대의 동의를 구하려는 노력이 필요하다.

한 청년이 어느 사업가의 딸을 고집스럽게 쫓아다녔지만 그 아가씨는 그와 눈도 제대로 맞추지 않았다. 왜냐하면 그가 우스꽝스러운 곱사등이였기 때문이다.

어느 날, 청년은 아가씨를 찾아가 용기를 내어 물었다.

"하늘이 인연을 맺어준다는 걸 믿나요?"

아가씨는 큰 눈망울로 하늘을 바라보며 대답했다.

"믿어요."

그러고는 "그러는 당신은요?"라고 반문했다. 그는 대답했다.

"남자아이들은 태어나기 전에 장차 어떤 여자와 결혼하게 될지 하느님이 전부 알려준다더군요. 내가 태어날 때도 미래의 신부는 이미 짝 지어져 있었어요. 그때 하느님께서 나에게 말씀하시길 내 신부감은 곱사등이라더군요. 그래서 하느님께 빌었죠. '하느님, 여자에게 곱사등이라니요, 그건 비극입니다. 부탁이니 그 곱사등을 저에게 대신 내려주시고 제 신부에게는 아름다운 미모만을 주세요'라고요."

아가씨는 청년의 눈을 들여다보고 그의 진심을 읽었다. 그녀는 그에게 손을 내밀었고, 얼마 후 그가 세상에서 제일 아끼는 사랑스러운 아내가 되었다.

TALKING WISDOM 큰 것에서 작은 것으로 옮겨가기

다른 사람을 설득할 때 큰 것에서부터 작은 것으로 나아가는 방법을 써서 사리를 분석할 수 있다. 그것은 면面에서 점点으로, 한 꺼풀씩 벗겨나가는 기교로써, 설득을 당하는 사람으로 하여금 설득자의 관점에 대해 깊이 있고 세밀한 이해를 가능하게 해준다. 게다가 새로운 관점을 받아들이는 것에 대한 심리적 압박감을 덜어주어 보다 쉽게 마음을 열게끔 하는 장점도 있다.

어느 식당의 여종업원인 유양은 손님이 가게에서 잃어버리고 간 휴대전화를 주워 몰래 자기가 가지려다 고참 종업원 장씨에게 발각되었다. 그러나 휴대전화를 내놓으라는 장씨의 요구에도 유양은 당당하게 말했다.

"이 전화기는 내가 주운 거예요. 훔친 것도 아니고 빼앗은 것도 아니라고요. 선배에게 내놓지 않는다고 법적으로 문제될 것도 없어요."

장씨가 말했다.

"불로소득이 무슨 뜻인 줄 아니?"

"몰라요!"

유양이 입을 삐쭉 내밀며 대답하자 장씨가 말했다.

"불로소득이란, 노동을 통하지 않고 다른 사람이 일군 노동의 결실을 빼앗는 걸 뜻해."

"언니가 언제부터 그런 유식한 문자를 썼어요?"

유양은 계속 투덜거렸지만 장씨는 꾹 참고 다시 물었다.

"대답해봐, 남의 물건을 빼앗는 건 불로소득이겠지?"

"그렇겠죠."

"그럼 다른 사람의 물건을 훔치는 건 불로소득일까?"

"당연하죠."

"그럼 다른 사람의 물건을 주워 자기가 가지는 건 불로소득이니 아니니?"

"그, 그거야 당연히……."

유양의 말문이 막히자, 장씨는 조용히 그녀를 타일렀다.

"다른 사람의 물건을 주워 자기가 갖는 건 불로소득이라는 점에서 훔치거나 빼앗는 것과 다를 게 없어. 국가의 법률이 아니더라도 사회적 규범과 공공도덕이라는 게 있고, 우리 가게에도 집무규정이 있다고. 고객의 유실물을 주웠으면 당연히 돌려줘야지. 그렇게 똑똑치 못하게 행동하면 안 돼!"

장씨의 훈계에 유양은 비로소 자신의 잘못을 깨닫고 휴대전화를 장씨에게 건네주었다.

여기서 장씨는 유양의 억지스러운 논리에 바로 대응하지 않고 일부러 논제와 무관해 보이는 '불로소득'의 의미를 깨우쳐준 뒤 큰 것에서부터 작은 것으로, 면에서 점으로 유도해나가다 마지막에서야 실질적인 문제로 접근했다. 즉, 주운 물건을 자기가 갖는 행위 역시 도둑질과 마찬가지로 부끄러운 짓이라는 점을 일깨워준 것이다. 이 일장연설이 유양에게 교훈이 되어 잘못된 그녀의 생각을 바로잡도록 만들었다.

TALKING WISDOM 작은 것에서 큰 것으로 나아가기

남을 설득할 때 위와 반대로 작은 것에서부터 큰 것으로 옮겨가는 방법을 쓸 수도 있다. 이 방법의 장점은 피설득자가 상대의 뜻을 받아들이는 과정에서 새로운 지식을 얻을 수 있다는 점이다.

미국 필라델피아주의 한 전기회사 사원인 웹이 다른 주의 지방으로 가서 영업활동을 하게 되었다. 그는 한 부유한 농가에 찾아가 문을 두드렸다. 그 집 주인은 할머니였는데, 문을 열었다가 찾아온 사람이 전기회사 직원인 걸 보고는 얼른 문을 닫아버렸다. 웹은 다시 문을 두드렸고, 빼꼼히 문이 열리자 재빨리 말했다.

"귀찮게 해드려서 죄송합니다. 전기에 관심이 없으신 건 압니다만, 저는 전기 문제로 온 게 아니라 계란을 좀 살 수 있을까 해서 왔습니다."

노인은 경계심이 조금 풀렸는지 문을 조금 더 열고 고개를 내밀고는 웹을 의심의 눈초리로 바라보았다. 웹이 말을 이었다.

"부인께서 키우시는 도미니크종 닭이 참 튼튼하고 좋아 보여서요. 신선한 계란을 열두 개 정도만 살 수 있을까요?"

그러면서 진심 어린 말투로 덧붙였다.

"제가 키우는 레그혼종은 흰 달걀만 낳아서 과자를 만들어도 갈색 계란으로 만든 것만 못하거든요. 그래서 아내가 갈색 달걀을 사오라더군요."

할머니가 문을 열고 나왔다. 할머니는 조금 전보다 훨씬 부드러워진 태도였고 말문을 열어 그와 달걀에 대한 이야기를 나누기 시작했다. 웹은 마당에 있는 외양간을 가리키며 말했다.

"부인께서 키우시는 닭이 분명 바깥어른께서 기르시는 소보다 돈을 많이 벌게 해줄 것 같은데, 제 말이 맞지 않나요?"

노인은 그 말을 듣고 무척 기분이 좋았다. 오랫동안 그녀의 남편은 이런 사실을 인정하지 않으려 했기 때문이다. 그녀는 웹이 자신과 통한다는 생각이 들어 신이 나서 그에게 닭장을 보여주었다. 웹은 닭장을 둘러보는 한편 노인의 양계 노하우를 들으며 계속 칭찬을 하고 맞장구를 쳐주었다. 그러면서 "댁의 닭장에 전등이 있으면 틀림없이 닭이 알을 더 잘 낳을 겁니다"라고 말했다. 부인은 그다지 반감을 느끼지 않았는지 전기를 쓰는 게 정말로 이익이 되는지를 되물었다. 웹은 친절하고 자세하게 설명해주었다. 그로부터 2주 후 웹은 회사에서 그 부인이 보내온 전기사용 신청서를 받아볼 수 있었다.

웹의 비결은 일을 성사시키기 위해 조급해하지 않고 차근차근 사소한 것에서부터 마음을 얻은 데 있었다. 그는 구체적이고 세심하게 상대방의 기분과 상태를 분석하고 그를 토대로 전략을 짰다. 이를 통해 한 단계씩 서로 간의 심리적 거리를 좁혀나가 할머니의 태도에 변화를 불러일으켜 원하던 바에 접근했고, 결국 설득하는 데 성공할 수 있었다.

현명하게
거절하라

다른 사람의 요구를 경직된 표정으로 딱 잘라 거절하는 것은 어떤 면에서는 가장 효과적인 거절방법이 될 수도 있지만 동시에 최악의 방법이 되기도 한다. 상대방의 마음을 상하게 하지 않으면서 지혜롭게 거절하기 위해서는 완곡한 표현과 핑계 대기, 침묵 등의 기술을 배울 필요가 있다.

바쁘게 일에 매달려 있다거나 잠시 휴식을 취하려고 하는데 마침 누군가 당신에게 와서는 돈을 빌려달라거나 취직자리를 알아봐 달라거나 무슨 일을 도와달라거나 혹은 무슨 물건을 사달라고 끊임없이 귀찮게 한다면, 당신은 고통스럽지 않겠는가? 이는 분명 골치 아픈 상황임에 틀림없다. 과연 이런 쓸데없는 곤욕을 피할 방법이 있을까? 이는 당신에게 거절할 줄 아는 능력이 있는지에 달렸다.

거절하는 데에도 요령이 필요하다. 요령 있게 거절할 경우 상대방도 이를 기꺼이 받아들일 테지만 적절한 방법으로 거절하지 못한다면 상대는 불만을 느끼고 속으로 당신을 원망할 것이다.

어느 보험회사의 영업사원이 한 편집자의 사무실에 찾아와 영업을 벌이는 데에 편집자의 오전 근무시간을 다 잡아먹어 버렸다. 이 편집자는 내내 '아니오'로 일관했고, 결국 그 영업사원은 물러설 수밖에 없었다.

며칠 후, 그 편집자는 동료로부터 지금 회사 밖에서 한 뚱뚱한 청년이 자신에 대해 악담을 하고 있다는 말을 들었다. 편집자는 무척 놀랐다. 그는 회사 내에서나 밖에서 누구에게 미움을 사는 일을 해본 적이 없었기 때문이다. 동료가 그 청년의 턱에 점이 있더라는 사실을 알려준 후에야 문득 며칠 전 그가 거절했던 영업사원의 얼굴이 떠올랐다.

요령 있게 거절하지 못하면 정말로 골치 아픈 일들이 많이 생길 수 있다. 예를 들어 품행이 불량한 친구가 돈을 꿔달라고 하면 누구나 그 친구 손에 넘어간 돈이 절대 나에게 되돌아오지 않을 거라는 점을 분명히 안다. 또 서로 알고 지내는 장사꾼이 나한테 물건을 팔려고 할 때 그걸 사면 분명히 손해를 본다는 사실도 잘 안다. 이런 경우에는 반드시 거절해야 한다. 그러나 거절한 후에 교제가 끊기거나 오해를 불러일으키거나 혹은 원한을 살 가능성도 있다. 이런 상황을 피하기 위한 유일한 방법은 거절하는 법을 배우는 것이다.

희극의 대가 채플린은 말했다.

"거절하는 법을 배워라! 당신의 삶이 더욱 아름다워질 것이다."

부탁하는 대로 다 들어주는 무골호인無骨好人이 되기란 쉽지 않다. 사람이 바라는 것에는 끝이 없으며, 때로는 합리적인 것과 도리에 어긋나는 것이 병존하기도 한다. 만일 거절하기 곤란하다고 자신이 이행할 수도 없는 일을 쉽게 승낙해버린다면 오히려 상황은 더 곤혹스러워질 것이고 소통상의 문제도 더욱 커질 게 분명하다.

'돕는 것이 곧 기쁨의 근본'이라는 말도 있지만 누군가 찾아와 도움을 청할 때 돕고 싶은 마음은 있지만 미처 힘이 닿지 않는다면 어떻게 거절해야 할까?

상대방의 부탁을 거절할 때 단지 미안한 마음이 든다는 이유로 사실대로 설명하지 못하는데, 그럴 경우 상대방은 당신의 의사를 분명히 알지 못하기 때문에 오해를 낳기도 한다. 예를 들어 당신이 "일이 쉽지 않겠는데요"라고 애매모호하게 말해버리면, 당신은 거절의 뜻으로 한 말임에도 상대방에게는 동의의 뜻으로 받아들여져 당신이 일을 이행하지 않을 경우 오히려 약속을 지키지 않는다는 원망을 살 수도 있다.

그러므로 과감하게 '싫다'는 한마디를 내뱉는 것은 상당히 중요하면서도 무척 어려운 과제일 수밖에 없다. 단도직입적으로 명쾌하게 거절의 이유를 말하는 것을 선호하는 사람이 있는가 하면 돌려 말하는 방법으로 거절하는 것을 더 편하게 생각하는 사람도 있다. 상황에 따른 몇 가지 거절 방법을 소개한다.

① 말 돌리기

정면으로 거절하기 힘들 경우에는 우회전술을 택하자. 화제를 돌리는 것도 좋고 다른 이유를 대는 것도 좋지만 가장 중요한 점은 어투의 전환이다. 온화하면서도 당당하게, 절대로 응낙하지 말되 불쾌한 표정을 얼굴에 직접 드러내서는 안 된다.

② 직접적으로 말하기

개인적인 형편이라든지 사회적 제약 등 거절할 수밖에 없는 객관적인 이유를 상대방에게 직접 진술하는 것도 한 방법이 될 수 있다. 그러한 이유들은 대개 상대방도 충분히 납득할 수 있기 때문에 당신의 애로사항을 이해한 상대는 자연스럽게 설득을 단념하고, 나아가 당신의 그런 솔직한 태도를 배우려 할 수도 있다.

③ 대답 유보하기

만약 이미 승낙해버린 일이라면 대책 없이 미루는 짓은 현명하지 않다. 여기서 말하는 '유보하기'란 잠시 대답을 주지 않는 것을 뜻한다. 즉, 상대 방이 요구사항을 제시했을 때 답변을 미루고 조금 더 생각해봐야겠다고 하는 것이다. 눈치 빠른 사람이라면 당신이 별로 탐탁지 않아한다는 사실을 금방 알아챌 것이다. 사실 자신이 능력이 있어 남을 도울 수 있다는 것은 좋은 일이다. 누군가 당신에게 자신의 일을 분담해달라고 부탁하는 것은 당신에 대한 신뢰를 나타내는 일이기 때문이다. 그렇지만 사정이 있어 돕지 못한다면 거절하는 수밖에는 달리 도리가 없지 않은가. 그러나 돕지 못하는 경우라 하더라도 거절하기에 급급해하지 말고 일단 겸손한 태도로 상대방의 요구사항을 끝까지 들은 뒤, 정말로 도와줄 수 없는 일이라면 "도움이 못 되어 죄송하다"는 인사를 잊지 말자.

④ 입 다물기

때로는 거절하는 말을 꺼내는 것조차 쉽지 않을 때가 있다. 어떻게 말할지를 몇 차례나 연습했더라도 일단 상대방 앞에 서면 어떻게 입을 떼야 할지 막막할 것이다. 그럴 때는 보디랭귀지를 사용하는 것도 괜찮다. 대부분의 문화권에서 고개를 가로젓는 것은 부정을 뜻하기 때문에 고개를 저으면 상대방도 당신의 뜻을 알아채고 다시는 말을 꺼내지 않을 것이다. 그 밖에 미소를 거두는 것도 암시가 될 수 있다. 웃는 얼굴로 대화를 하던 중에 갑자기 미소를 거두면 상대방의 말을 인정할 수 없다거나 거절한다는 것을 암시한다. 유사한 보디랭귀지로, 비스듬한 자세로 시선을 고정하지 않고 계속 시계를 들여다보며 마음이 딴 데 있다는 걸 알릴 수도 있다. 그러나 이는 상대방의 자존심을 다치게 할 수도 있다는 사실을 기억하라.

이 밖에도 다른 사람의 부탁을 거절할 때는 다음과 같은 사항에 유의해야 한다.

① 너무 빨리 거절하지 말 것

상대방이 말을 꺼내자마자 거절하는 것은 너무 냉정해 보일 뿐 아니라 그 사람에게 편견을 가진 것처럼 보일 수 있다.

② 쉽게 거절하지 말 것

부탁이라면 무조건 제대로 생각해보지도 않고 가벼이 거절하다가는, 다른 사람에게 도움도 주고 우정도 얻을 좋은 기회를 놓칠 수 있다.

③ 화내면서 거절하지 말 것

화를 내면서 거절하면 말로 상처를 주기 쉽고 다른 사람이 보기에 일말의 동정심도 없는 사람처럼 보일 수 있다.

④ 자기 편의만 너무 생각하지 말 것

지나치게 자기 입장만 고려하여 거절하면 상대방은 당신이 자신을 중요하지 않게 생각한다고 여겨 반감을 가질 수 있다.

⑤ 거절하면서 거만하게 굴지 말 것

거만한 사람은 누구도 가까이하지 않으려는 게 인지상정. 누군가 정중히 당신에게 도움을 청하는데 오만한 태도로 거절한다면 그 사람은 더욱 거절을 받아들이기 힘들 것이다.

⑥ 냉정하게 거절하지 말 것

더이상 어떻게 해볼 여지조차 없게 만드는 싸늘한 표정과 모진 말투는 사람을 난감하게 만들 뿐 아니라 반목과 원한을 불러올 수도 있음을 명심하라.

올바르게
비판하라

타인의 비판을 달가워할 사람은 아무도 없다. 그러므로 부모가 아이를 나무라고, 선생님이 학생을 혼내고, 친구끼리 잘못을 꼬집고, 상사가 부하직원을 평가하는 등등의 다양한 관계와 상황에서 비판의 적절한 수위와 정도를 가늠할 줄 아는 것이 관건이다.

어느 작은 공장의 사장이 매우 난처한 문제에 직면했다. 그것은 다름 아니라 직원들이 습관적으로 못이나 나사 같은 자질구레한 부속품들을 바닥에 흘리고는 아무도 줍지 않는다는 사실이었다. 하루는 사장이 작업장 중앙으로 가서는 주머니에서 동전 한 움큼을 꺼낸 뒤 공중에 뿌렸다. 사장은 그 동전들이 땅으로 떨어지자 조용히 뒤돌아 자신의 사무실로 돌아갔다. 작업장의 감독을 비롯한 모든 직원들이 달려와 얼른 동전을 주워 담고 나더니 고개를 내젓고 한숨을 쉬면서 말했다.

"큰일이야, 우리 사장님 머리가 어떻게 된 게 분명해."

이튿날, 사장은 모든 직원들을 불러다놓고 회의를 열었다.

"어제, 내가 어째서 돈을 공장 바닥에 뿌렸는지 여러분은 지금까지도 이상하게 생각할 것입니다. 나는 미친 것이 아니라 다만 지금 우리에게 당면한 문제를 여러분에게 알려주고 싶었을 뿐입니다."

사장은 잠시 말을 끊었다가 다시 이어갔다.

"매일, 작업현장을 돌아볼 때면 바닥에 갖가지 부속품들이 나뒹구는 모습을 볼 수 있었습니다. 그런데 여러분은 누구 하나 그것들을 주울 생각을 하지 않더군요. 그 부품들은 내 주머니에서 꺼낸 돈으로 산 것들입니다. 여러분이 땅에 떨어진 나사나 못을 줍지 않는 것은 돈을 버리는 것이나 마찬가집니다. 그래요, 어제는 내가 돈을 버렸지요. 그렇지만 여러분이 매일같이 낭비하는 재료나 부속품들은 어제의 그 동전과 똑같습니다. 모두 똑같은 진짜 돈이에요. 사실상 인플레이션이 심각한 요즘 같은 때에 그런 부속품은 날로 값이 뛰지요!"

이후, 직원들은 더이상 부품을 함부로 버리지 않았고, 누군가 떨어뜨린 걸 발견하면 남보다 먼저 주웠다.

사장은 직원들의 잘못을 보고도 직접적으로 비판을 제기하지 않았다. 직원들이 자신들의 문제점을 더욱 깊이 인식하도록 하기 위해, 사장은 공장에 동전을 흩뿌리는 등 일부러 평상시와 다른 행동을 했고, 이는 과연 직원들의 호기심을 유발시켰다. 그런 다음 사장은 본인이 했던 행동의 진정한 의도를 설명하고, 부품을 함부로 버리는 행위는 실질적으로 돈을 흘리는 것이나 다름없다는 사실을 지적했다. 직원들은 생생한 비평 교육을 통해 결국 자신들의 나쁜 습관을 바로잡게 되었다.

이 세상에 완전한 사람은 없으며 누구나 잘못을 저지를 수 있다. 다른 사람이 잘못을 저질렀을 때 참지 못하고 바로 그 앞에서 벼락같이 화를 낼 수도 있다. 그러나 그렇게 한바탕 매섭게 몰아붙였다가는 당신의 비판이 상대방에게 받아들여지기는커녕 오히려 역효과만 났다는 사실을 발견하고 맥이 빠질지도 모른다. 누구에게도 비판은 유쾌하지 못한 일이다. 그러나 비판의 수위를 적절히 조절할 줄 안다면 더욱 효과적인 비판이 가능할뿐더러 유쾌하지 못한 상황이 발생하는 것도 피할 수 있다.

비판의 성공 여부는 대개 태도에 달려 있다. '문과즉희聞過則喜, 잘못을 들으면 기뻐한다는 뜻으로 남이 나의 허물을 지적하면 진심으로 받아들임을 비유'라는 말도 있지만 이 말이 언제나 옳은 것은 아니다. 만일 덮어놓고 남을 질책하거나 자신의 관점만 강요할 때, 돌아오는 것은 당신에 대한 상대방의 혐오와 불만뿐이다. 그러므로 비판이 개인적인 불만을 털어놓기 위해서가 아니라 단지 문제를 해결하고 잘못을 바로잡기 위해서라는 점을 상대방이 느끼도록 하는 것이 중요하다.

만약 누군가에게 결점이나 잘못이 있다면 제때에 지적하여 바로 깨닫게 해주는 것이 마땅하다. 그래야 더 잘못된 길로 빠져 자칫 일생에까지 영향을 미치는 일이 없을 것이다. 마찬가지로 부모가 아이를 혼내거나 선생님이 학생을 나무라거나 혹은 상사가 부하직원을 비판하는 모든 경우에서 '비판의 기술'을 익히고 정도를 지키는 것이 필요하다.

TALKING WISDOM 비판 전에 사실관계를 분명히 밝혀라

사실관계를 분명히 밝히는 것은 정확한 비판의 기초다. 어떤 사람들은 순간적으로 감정이 격해져서 시시비비도 제대로 가리지 않은 채 다짜고짜 나무라기만 하고 객관적 사건 자체에 대한 전면적인 조사는 소홀히 하는 경우도 있다.

TALKING WISDOM 타당한 비판방식을 선택하라

비판의 요령은 문제의 실질을 파악하는 것이다. 단, 비판의 대상이 갖는 각기 다른 특징에 따라 서로 다른 비판방식을 취해야 함을 반드시 유념해야 한다. 왜냐하면 나이나 성격, 경험, 문화수준 등이 서로 다르면 비판을 받아들이는 태도나 방식 역시 사람에 따라 천차만별이기 때문이다. 내성적이고 사고가 풍부한 사람에게는 질문으로 유도하는 방법을 택해 잘못을 지적하는 편이 바람직하다. 그러면 비판을 받는 사람은 질문에 답변하는 과정을 통해 자신의 행동을 되짚어보고 결점이나 잘못들을 인식할 수 있다. 성격이 거칠고 부정적인 심리가 강한 사람에게는 상담이나 토론 방식을 택해 평등한 분위기를 조성하여 허심탄회하게 이야기를 주고받는 가운데, 상대가 자연스럽게 지적을 받아들이도록 하는 편이 좋다. 성격이 느긋하여 어떤 일도 크게 개의치 않는 사람이라면 단도직입적으로 따끔하게 잘못을 꼬집어주는 편이 상대방을 빨리 각성하도록 만든다.

TALKING WISDOM 논리로 설득시켜라

비판이 효과적으로 이루어질 수 있는지의 여부는 비판을 하는 사람이 얼마나 논리적으로 설득을 하느냐에 달려 있다. 사실, 잘못을 저지른 사람도 누군가 자신에게 지적하기 전에 스스로 이미 잘못을 깨닫고 그것을 어떻게 고쳐나갈 것인지 고민했을 수 있다. 그런데 그런 상황에서 언성을 높여 몰아붙인다면 역으로 반발심을 불러일으켜 수긍하기는커녕 일부러 생각했던 바와 반대로 행동하는 결과를 낳을 수도 있다. 사람이 감정 없는 초목이 아닌 이상 태도나 언어선택에 신중해야 할 것이다. 비판할 것은 비판하더라도 결코 인정을 잃지 않아야 한다. 그래야만 문제가 생긴 원인과 그 문제를 그대로 두었을 경우 발생할 수 있는 영향을 분석하는 동시에 상대에게 따뜻한 격려와 진심 어린 기대를 전해줄 수 있다. 그러면 상대방 역시 자신을 진정으로 아끼는 마음에서 나온 비판임을 알고 그 결점을 고쳐나가기 위해 애쓰게 될 것이다.

TALKING WISDOM 얻고 싶은 게 있으면 먼저 내주어라

처음부터 불평을 늘어놓기 전에 먼저 최대한 호의적인 분위기를 조성하라. 잘못을 저지른 쪽은 대개 본능적으로 비난을 받을까봐 두려운 정서를 가지게 된다. 만일 이야기를 시작하자마자 곧장 본론으로 들어간다면 그는 아마 자신도 모르게 위화감을 느낄 것이다. 겉으로는 받아들이는 것처럼 보일지 몰라도 비판의 진정한 목적을 달성했다고 보기는 어렵다. 그러므로 먼저 그가 마음을 편히 가질 수 있도록 해준 다음에 하고 싶었던 말들을 털어놓자. 'Kiss and kick헤어지기 전에 키스'이라는 멋진 표현도 이 같은 뜻에서 나온 말일 것이다. 얻고자 하는 바가 있으면 먼저 내어주자. 그래야 비로소 보다 나은 효과를 거둘 수 있다.

TALKING WISDOM 죄는 미워하되 사람은 미워하지 말라

비판을 하게 될 경우에는 반드시 잘못 자체만 가지고 나무라야지 비판의 대상이 사람이 되어서는 안 된다. 사람은 누구나 실수할 수 있다. 잘못을 저질렀다고 해서 그것이 그 사람의 됨됨이를 대표하지는 않는다. 잘못은 하나의 행위일 뿐이지 그 사람의 전부가 될 수 없다. 그러므로 '죄는 미워하되 사람은 미워하지 말라'는 격언을 반드시 기억하자.

TALKING WISDOM 문제의 해결방법을 찾고 싶다면

다른 사람을 비판할 때 당신은 그의 잘못을 들출 것이다. 그러나 그와 동시에 어떻게 고쳐야 옳은 것인지도 반드시 제시해주어야 한다. 그래야만 비로소 올바른 비판이라고 할 수 있다. 대책 없이 함부로 이래라저래라 하지만 말고, 지금 누구의 책임인지를 추궁하려는 것이 아니라 문제를 해결하고자 한다는 점을 분명하게 밝혀야 한다. 그리고 당신에게는 그 문제를 해결할 만한 능력이 분명히 있다.

올바른 비판을 하기란 쉬운 일이 아니다. 비판은 상대방의 몸에 수술을 하는 것과 같아서, 자칫 잘못했다간 상대방을 다치게 할 수도 있다. 그러므로 상대의 마음이 다치지 않도록 신중함을 잃지 말아야 한다. 비판을 할 때는 다음과 같은 실수들은 피하도록 하자.

① 뒤에서 비난하기

누군가를 비판할 때는 그 사람 앞에서 하라. 당사자가 당신의 의견과 태도를 분명히 알아야 서로 의견을 교환할 수 있다. 등 뒤에서 왈가왈부할 경우, 자신이 한 말이 다른 사람의 입을 통해 전해지는 과정에서 왜곡되어 불필요한 오해를 더 크게 만드는 경우도 적지 않다.

② 불같이 화내기

화를 내는 것과 비판하는 것은 전혀 다르다. 다른 사람이 잘못을 저지르면 화가 날 수도 있겠지만 먼저 자신을 통제하는 법을 배워야 한다. 화를 내봤자 어떤 비평의 목적도 이루지 못하고, 비록 이치를 따졌을 때 당신이 화낼 수 있는 구실이 있다고 할지라도 인격적으로는 서로 평등하기 때문에 남에게 화낼 권리는 없는 것이다. 화를 내는 것은 비판의 목적에서 벗어난다. 잘못을 바로잡도록 도움을 주고자 한다면서 목표에서 어긋난 언행을 하는 것은 오히려 그 사람보다 자기가 더 빗나가게 되는 결과를 낳을 뿐이다.

③ 모조리 부정하기

다른 사람의 잘못된 언행을 지적할 때는 그 잘못된 사실만을 있는 그대로 말해야지 정도가 지나쳐서는 곤란하다. 예를 들어 구제불능이라느니, 무엇 하나 제대로 하는 게 없다느니, 하는 말은 과장된 표현을 넘어서서 정직하지도 못할뿐더러, 상대의 모든 것을 부정하는 꼴이 된다. 이를 순순히 받아들이고 말을 들을 사람이 어디 있겠는가.

④ 힘으로 억누르기

상급자나 관리자의 위치에 있는 사람이라면 분명 아랫사람을 비판하고 이들의 잘못을 바로잡을 권력이 있을 것이다. 그러나 그 권력을 적절히 통제하지 못하고 아랫사람을 억압하거나 공격해서는 안 된다. 일부 상급자들은 하급자와 의견충돌이 벌어질 때마다 이렇게 협박한다.

"자네 말이 우선인가, 내 말이 우선인가?"

"이건 내 명령이니 무조건 따르게."

심지어 이렇게 말하는 경우도 있다.

"자네는 위아래도 없나? 대체 상사를 뭘로 보는 거야?"

"내가 자넬 가만두지 않겠네."

"옷 벗을 줄 알아."

"성과급 안 주는 건 물론이고 월급도 삭감할 거야."

그러나 힘으로 복종시키려는 것은 어떠한 경우에도 성공적이지 않으며 오히려 감정의 응어리만 남길 뿐이라는 사실을 여러 사례들이 증명하고 있다.

⑤ 나쁜 말로 상처주기

사실을 토대로 이치에 맞게 결점을 지적해주는 것은 좋은 행동이다. 그러나 도가 지나쳐서 상대방을 비꼬거나 욕을 하고 혹은 여러 사람 앞에서 모욕을 주거나 생래적 결함을 조롱하는 것은 상대에게 지울 수 없는 상처를 준다. "넌 무슨 애가 그 모양이니?", "집에 가서 애나 볼 것이지!" 따위의 모욕적인 말을 들으면 누구도 참을 수 없을 것이다. 타인의 자존심에 상처를 입히면 불어나는 것은 원망과 반발뿐, 비판의 효과는 조금도 얻을 수 없다.

⑥ 뭉뚱그려 비판하기

한 사람 혹은 소수의 사람을 비판하기 위해 수십 명을 모아두고 단체로 재교육을 시키는 경우가 있는데, 이는 가장 부당하고 의미 없는 실수이자 손실이며, 종종 부작용까지 불러온다. 잘못한 본인에게 직접 경고를 주지 않으면 잘못된 일에 아무런 도움이 되지 않을뿐더러 물을 흐린 몇몇 '미꾸라지'는 별다른 구속도 받지 않고, 오히려 대부분의 죄 없는 사람들만 불쾌해지고 반감이 쌓인다.

⑦ 지나간 일까지 끄집어내기

비판은 반드시 지금 눈앞에 발생한 문제에 대해서만 이루어져야 잘못한 사람이 그것을 인식하고 고쳐나가는 데 도움이 된다. 상대가 문제를 인식하게끔 만들기 위해 과거의 잘못까지 줄줄이 엮어서 늘어놓는 사람들이 있는데, 그러한 비판은 현명하지 않다. 그런 식의 비판은 당신이 내내 그의 결점들을 모으느라 얼마나 열을 올렸는지 직감적으로 알아채게 하는 것으로, 되레 반발심리와 대립정서만 부추겨 어떤 협력도 이루어내기 힘들다.

타인을 자극하여
분발시켜라

많은 사람들과 어울리다보면 그중에 유난히 성격이 직설적이고 호전적인 사람이 있게 마련이다. 그런 사람과 대화를 나누거나 함께 일을 하면, 일반적인 커뮤니케이션 방식으로는 대처하기 어려운 경우가 종종 발생한다. 그럴 때는 상대방을 격하게 만들어 스스로 분발하도록 하는 전략을 사용하면 큰 효과를 거둘 수 있다.

타인을 자극해서 분발시킨다는 이 전략은 상대방이 눈치 채지 못하게 갖은 방법을 써서 상대를 격앙된 상태(예를 들자면 분노, 수치심, 흥분 등의 상태)로 만든 다음, 그가 통제력을 상실한 틈을 타 자신이 원하는 것을 무의식중에 하도록 만드는 전략이다. 그러므로 대인관계에서 상대의 감정이 어떻게 움직이는지를 파악해 타인의 적극성과 열정을 격발시키는 능력을 갖추는 게 필수라 하겠다.

타이르기보다 약 올리는 편이 낫다'는 중국 속담이 있다. 어떤 일을 하도록 유도하는 데는 좋은 말로 권하는 것보다 약을 올려 분발하게 하는 편이 더 낫다는 뜻이다. 이 전략을 잘 사용하면 생각했던 것 이상의 효과를 얻을 수 있다. 그러나 병세에 따라 약을 처방해야 하는 것처럼 이 전략을 쓸 때는 반드시 각 개인의 특성에 따라 차별적으로 대응할 필요가 있다. 그렇지 않을 경우 쓸데없이 헛고생만 하는 경우가 생긴다. 그리고 약을 올리는 것도 때를 잘 선택해야 한다. 말을 너무 일찍 꺼내면 아예 상대방의 기가 꺾여버리기 쉽고 너무 늦게 꺼내면 뒷북치는 꼴이 날 수 있다. 적절한 시기를 택하는 문제 외에도 자극의 수위를 어느 정도로 맞출 것인지도 생각해보아야 한다. 핵심을 찌르지 못하고 뜨뜻미지근하게 굴면 '신신고 발바닥 긁기'가 될 것이고, 지나치게 신랄하면 듣는 이의 반감을 살 것이다. 따라서 언어선택에도 융통성을 발휘해야 한다. 자주 쓰이는 용례 몇 가지를 소개하면 다음과 같다.

TALKING WISDOM 직접적으로 자극하기

얼굴을 마주한 채 상대방이 치욕스러워할 만한, 격노할 만한 언행으로 상대의 자존심을 자극하는 방법을 말한다.

어느 공장에서 인사제도를 바꾸면서 중간간부급에 대해서는 모수자천 毛遂自薦 제도를 시행해 자기가 자신을 추천할 수 있도록 했다. 능력과 기술을 고루 갖춘 엔지니어 장씨에게 뭇사람의 기대가 모아졌다. 그러나 웬일인지 장씨는 망설이며 결정을 짓지 못하는 것이었다. 공장장의 암묵적인 지시에 따라 나이 지긋한 한 노동자가 그를 찾아가 통렬히 질타했다.

"이보게, 자네는 대학까지 나온 인재가 아닌가? 다들 자네에게 거는 기대가 얼마나 큰데…… 자네가 이렇게 망설일 줄은 몰랐네. 작업장 주임 자리가 뭐 그리 대단하다고 맡으려들지도 못하나? 이런 못난 사람 같으니라고!"

"제가 못났다고요?"

장씨가 벌떡 일어나며 말했다.

"저는 많이 배운 사람입니다. 그까짓 작업장 주임도 못 맡을까봐서요?"

그러더니 잔뜩 흥분해서는 당장 공장장의 사무실로 찾아갔다.

TALKING WISDOM 반대로 자극하기

이 방법은 반발심리를 응용한 것으로 상대를 자극하여 분발시키는 데 매우 효과적이다. 어떤 사람들은 무엇을 하지 말라고 하면 오히려 더 하려고 드는 심리가 있는데 이는 고집이 센 사람일수록 더 심하다. 반대로 "하고 싶은 대로 하라"고 말하면서 어떻게 하든 그냥 내버려두면 상대방은 오히려 그 말에 복종하기 싫어서 혹은 의심이 들어서 결국 하지 않게된다. 이런 이치를 알면 여러 상황에 닥쳐서도 사람의 마음을 손바닥 뒤집듯이 움직일 수 있다.

TALKING WISDOM 제삼자와 비교하며 자극하기

이는 고의로 제삼자를 띄워주어 은연중에 상대방을 폄하시킴으로써 인간의 경쟁심리를 부추겨 남을 누르고 뛰어넘고자 하는 욕구를 불러일으키는 방법이다.

삼국시대, 제갈량은 조조에게 대항하기 위해 강동江東으로 갔다. 그는 손권이 다른 사람의 아랫자리에 서거나 쉽게 남에게 복종할 성격이 아니라는 것을 꿰뚫고 이렇게 말했다.

"백만이나 되는 조조의 병사는 가는 곳마다 그 위세를 크게 떨치고 있습니다."

손권은 제갈량이 말하는 조조의 군사력에 의구심을 품었다. 제갈량이 다시 말했다.

"실제로 조조의 군사는 백오십만입니다. 제가 백만으로 줄여서 말한 이유는 행여 놀라지나 않을까 해서입니다."

손권은 제갈량의 전략에 넘어가 다급히 물었다.

"그러면 내가 전쟁을 해야겠는가, 하지 말아야겠는가?"

제갈량은 이때를 놓치지 않고 말했다.

'만약 동오東吳의 병력으로 능히 조조와 맞서 싸울 만하다면 전쟁을 해야 할 것이고, 스스로 적수가 되지 못할 것이라 판단한다면 무릎을 꿇을 수밖에요!'

손권은 인정하지 못하겠다는 듯이 반문했다.

"선생의 말대로라면 유예주劉豫州, 유비를 가리킴. 일찍이 예주목에 임명된 적이 있어 유비를 유예주라고도 불렀다는 어째서 항복하지 않는 거요?"

이는 바로 제갈량이 의도했던 말이었다. 그는 한 걸음 더 나아가 다음과 같이 말했다.

"전횡田橫은 한낱 제齊나라의 장수에 지나지 않지만 항복하지 않고 끝까지 절개를 지켰습니다. 하물며 황실의 후손이자 세상이 우러르는 영웅인 유예주께서 어찌 다른 사람 아래 몸을 굽힐 수 있단 말입니까?"

손권은 그 말에 벌컥 화를 내며 자신도 조조의 군사와 생사를 건 결전을 벌이겠노라고 맹세했다.

이 전략이 통할 수 있었던 이유는 '기둥을 쳐서 대들보를 울리는旁敲側擊'

식으로 제삼자를 추켜세움으로써 남에게 뒤처지고 싶지 않은 상대방의
자존심을 간접적으로 건드려 분발하도록 만든 데 있다.

TALKING WISDOM 폄하하며 자극하기

상대방을 고의로 깎아내리고, 해봤자 안 된다는 식으로 말하며 무시하
는 방법을 통해 승부욕을 자극하는 전략이다. 이러한 전략은 상대방으로
하여금 원래 가진 능력 이상을 발휘하도록 함으로써 소기의 목적을 달성
할 수 있다.

『삼국연의』 제65회에서 마초馬超가 군사를 이끌고 가맹관을 공격할 때,
제갈량이 유비에게 말했다.

"장비張飛와 조운趙雲 두 장수만이 마초에게 대적할 수 있습니다."

유비가 말했다.

"자룡子龍, 조운의 자이 군사를 이끌고 나가 아직 돌아오지 않았으나 익덕翼
德, 장비의 자이 여기 있으니 서둘러 그를 파견해 맞서 싸우게 합시다."

제갈량이 말했다.

"주공께선 먼저 나서지 마시고 저에게 맡기시지요."

그때 장비가 마초가 공격해온다는 소식을 듣고는 큰소리를 치며 전장
에 보내달라고 나섰다.

제갈량은 짐짓 못 들은 척하며 유비에게 말했다.

"마초는 용기와 지모를 고루 갖추어 그에게 대적할 만한 사람이 아무도
없습니다. 형주荊州에 나가 있는 운장雲長, 관우의 자을 불러오는 것만이 그에
게 능히 맞설 수 있는 유일한 방법입니다."

장비가 말했다.

"군사軍師께서는 어찌하여 저를 그리 얕보십니까! 저는 일찍이 조조의 백만대군에 홀로 맞선 적도 있거늘, 그까짓 마초 같은 졸장부 따위가 무엇이 두렵겠습니까!"

제갈량이 말했다.

"그때 장군이 당양當陽에서 다리를 끊고 물을 막은 일은 조조가 허실을 몰랐기 때문이 아닙니까? 만약 그가 우리의 실상을 알았다면 장군이 과연 무사할 수 있었겠습니까? 그러나 마초의 무예에 당할 자가 없다는 것은 천하가 알고 있습니다. 그는 지난번 위교渭橋의 싸움에서 조조를 위기로 몰아넣어 하마터면 조조가 목숨을 잃을 뻔한 적도 있으니, 결코 만만한 상대가 아닙니다. 운장이 온다 해도 반드시 이기리란 보장은 없습니다."

그러자 장비가 큰소리쳤다.

"만약 오늘 제가 마초를 꺾지 못한다면 군령에 따라 기꺼이 목숨을 내놓겠소!"

제갈량은 자극의 효과가 나타나는 걸 보고 나서야 계획대로 말했다.

"장군이 군령장軍令狀까지 써놓고 가겠다니, 정 그렇다면 장군께서 선봉에 서시오!"

장비는 마초와 가맹관에서 하루 밤낮 동안 치열한 격전을 벌였다. 비록 승패를 가리지는 못했지만 확실하게 마초의 예기를 꺾어, 그 뒤 마초가 제갈량의 계책에 의해 설복당하여 유비에게 귀순하게끔 하는 계기를 만들었다.

제갈량은 종종 장비의 거칠고 급한 성미를 약을 올리는 수법을 이용해 자극하곤 했다. 중요한 전쟁을 맞을 때마다 먼저 그가 이 임무를 제대로 수행하지 못할 것이라거나 혹은 술을 좋아하다 일을 그르칠 것 같다고 말해 군령장을 쓰도록 부추긴 것이다. 이를 통해 책임감과 긴장감으로 투지와 용기를 북돋워주고 적을 얕잡아 보는 태도를 없애게 했다.

TALKING WISDOM 방향 제시하기

서로 다른 대상을 대하다보면 때로는 단순히 부정하고 폄하하는 방법만으로는 큰 효과를 거두지 못하여 어떻게 해야 할지 방향까지 제시해주는 것이 필요할 때가 있다. 명확하면서도 유도적인 언어를 통해 상대방의 열정을 불러일으키는 것이다.

어떤 학교에 싸움을 좋아하는 학생이 있었다. 하루는 그 학생이 동급생을 때리는 일이 벌어졌는데, 그는 자신이 영웅이나 된 줄로 착각하고 그 일을 떠벌리기까지 했다. 선생님은 학생을 불러 혼내며 말했다.

"주먹을 써서 이긴다고 영웅이 되는 줄 아니? 공부를 해서 머리로 이겨봐. 그게 진짜 영웅이니까."

그 학생은 그때부터 분발하여 공부했고, 그 다음 기말고사에서 정말로 뛰어난 성적을 거뒀다.

TALKING WISDOM 믿어주기

상대방에게 능력이 있음을 강조하며 최소한의 자존심을 만족시켜주면 보다 쉽게 그 사람을 내 편으로 만들 수 있다. 왜냐하면 누구든지 다른 사람의 신뢰와 존중을 받기를 원하며, 설령 그것이 그저 비위를 맞춰주기 위한 칭찬임을 알더라도 기쁘게 받아들이기 때문이다. 자아개념이 뛰어난 사람일수록 이러한 경향이 뚜렷하게 나타난다.

어느 회사의 사장이 그의 부하직원 한 명을 먼 지방으로 파견해 업무를 맡기려고 했다. 그는 부하직원에게 말했다.

"자네도 알다시피 그쪽 업무가 점점 엉망이 돼서 이미 회사 전체에까지 영향을 미치고 있지 않은가. 만일 바로 손을 쓰지 않으면 돌이킬 수 없는 타격을 입을 걸세. 그래서 나는 우선 자네를 그쪽으로 보내려고 생각 중이네. 자네만이 다 무너져가는 그곳의 업무를 기사회생시킬 수 있다고 보았기 때문이야. 나는 자네의 능력을 믿네."

그 부하직원은 파견 근무가 조금도 내키지 않았지만 이토록 자신을 신임하는 사장의 말에 순간적으로 격정과 열정이 솟구쳐 잘해내겠다고 스스로 다짐했다.

감정을 자극하는 전략은 상대방이 알아채지 못해야만 실효를 거둘 수 있다. 그러므로 상대방이 당신의 진짜 의도를 알아채지 못하도록 하는 것이 중요하다. 만일 자신을 자극시키고 있음을 상대가 알게 된다면 모든 노력이 허사로 돌아갈 것이다. 일반적으로 자극을 통한 전략은 언어의 강요와 여론의 압박을 잘 견디지 못하는 순진한 성격의 사람들에게 유용하다. 반대로 노련한 사람에게는 대개 이런 방법이 잘 통하지 않기 때문에 그런 사람들에게 이 전략을 잘못 썼다가 도리어 일을 그르칠 수도 있음을 알아야 한다.

협상의 기술을
익혀라

협상 과정에서는 누구나 우위를 선점하고 자신에게 유리한 방향으로 결론을 이끌어가고자 한다. 이를 위해서는 협상의 내용과 상황, 협상상대의 성격을 꼼꼼히 파악한 뒤 그에 상응하는 전략과 기술을 택해야 한다.

협상은 양자 혹은 다자 간에 공동으로 관심을 가지는 문제 또는 논쟁의 대상이 되는 화제를 두고 협의에 도달하기 위해 의견을 나누는 과정이다. 협상은 비즈니스에서도 자주 이루어지는데, 협상에서 주도권을 잡고 거래를 성공으로 이끌고 싶다면 아무 생각 없이 대응해서는 곤란하다.

흔히 비즈니스 협상을 고도의 심리전이라고 말한다. 비즈니스 협상은 쌍방이 첨예하게 대립하며 벌이는 전쟁이다. 맞닥뜨리게 되는 협상상대는 그 성향이 천차만별이기 때문에, 아무리 풍부한 협상경험과 노하우를 지닌 사람이라 해도 예측하지 못한 상황에 직면할 수 있다. 따라서 협상상대의 특성에 따라 서로 다른 전략을 적용하는 것이 중요하다.

TALKING WISDOM 권위적인 협상상대

자신이 유리한 위치를 선점하고 있다는 이유로 모든 상황에 대한 독단적 권위를 주장하는 유형이다. 이런 사람과 교섭할 때는 최대한 주도면밀하게 준비하되 갑작스런 변화에 대응하기 위해 언제든 협상방식을 바꿀 대비를 하라. 대놓고 값을 깎는 데만 암니옴니 따지지 말고 가격흥정과 관계없는 것들부터 노력을 들여야 비로소 원하는 결과를 얻을 수 있다. 그리고 협상 끝에 도달한 협의내용은 되도록 상세하게 기록해둘 필요가 있다.

TALKING WISDOM 솔직 담백한 협상상대

이런 사람들은 성격상 자신의 진지하고 적극적인 정서를 상대방에게 직접적으로 표출한다. 이들은 매우 자신만만하게 협상 테이블에 앉아 적극적인 태도로 부단히 자신의 견해를 개진하며 경제적 이익을 취하고자 애쓴다. 그러다 협상이 마무리단계에 접어들면 신속하게 협상을 실질적 협력단계로 끌어올린다. 이들은 흥정을 하는 등 경제적 이익을 취하기 위해 다양한 전략을 구사하는 것에 대해 긍정적으로 생각하며, 물론 그들 자신도 전략을 짜서 이익을 도모하는 데 매우 능하다. 동시에 다른 사람들도 이와 같은 능력을 갖기를 바란다. 이들은 일괄협상, 즉 패키지 딜Package Deal에 큰 관심을 보인다. 구매자의 입장에서는 판매자가 그의 요구에 따라 일괄적인 설명을 주기를 바란다. 여기서 이른바 패키지란 상품 자체의 소개를 넘어서 그 상품을 판매하는 일련의 판매전략까지도 함께 소개하는 것을 가리킨다.

TALKING WISDOM 융통성 없는 협상상대

이런 유형의 사람은 협상준비에 빈틈이 없는 완벽주의자일 가능성이 높다. 이들은 성사되기 원하는 거래를 직접적이고 숨김없이 상대에게 전달하며, 거래형식과 협상 중인 의제의 세부규정을 명확히 제시한 후 전체 협상내용을 종합하여 완벽한 서류로 작성한다. 구두로 전달하건 문서로 전달하건 의사표현은 언제나 정확하고 확고부동하다. 융통성 없는 이들은 쉽게 양보하는 태도를 보이지 않기 때문에 흥정의 여지는 상당히 적은 편이다. 이런 사람과 교섭을 벌일 때 가장 좋은 방법은 거래가격을 제시하기 전에 실정을 면밀히 파악한 뒤, 협상 시 자신의 입장을 확실하게 밝히며 최대한 상대방이 생각지 못한 세부항목을 제시하는 것이 좋다.

TALKING WISDOM 체면을 중시하는 협상상대

체면을 중요하게 생각하는 유형의 사람들은 상대방이 자신을 중요한 결정권자로 봐주기를 바라며 칭찬에 약하다는 특징이 있다. 그러므로 이런 사람에게는 반드시 값비싼 것이 아니더라도 작은 선물을 전달하는 방법도 효과적이다.

TALKING WISDOM 우호적인 협상상대

이런 유형은 업무적인 면에서 여유 있는 모습을 잃지 않는다. 협상에 앞선 준비에도 세심한 부분까지는 철저하게 신경 쓰지 않는 경우가 많다. 이들은 사교성이 뛰어나고 협상과정에서도 비교적 우호적이고 융통성이 있으며 상대방의 의견을 적극적이고 긍정적으로 받아들인다. 따라서 이러한 유형의 상대와 협상할 때는 되도록 최대한 이쪽의 의견을 제안하되 우호적인 태도를 잃지 말고 필요에 따라 적절한 선에서 양보도 하는 것이 좋다.

TALKING WISDOM 우유부단한 협상상대

이런 유형의 사람들은 신용을 가장 중요하게 여기며 협상에 앞서 상대방을 이해하고 파악하는 데 많은 시간을 투자한다. 장시간의 광범하고 친근한 대화를 통해 서로에 대한 신뢰가 높아지고 나면, 실질적인 비즈니스 협상단계로 넘어갔을 때 서로 만족할 만한 거래가 성사될 확률이 높다. 이런 유형의 사람과 비즈니스 관계를 맺을 때는 먼저 상대방이 시간을 끌거나 중간에 협상이 중단되는 일이 없도록 신경 쓰고, 협상 분위기 조성과 상대방을 파악하는 작업에 중점을 두어야 한다. 일단 상대방의 신임을 얻고 나면 가격절충을 비롯하여 실제 교섭과정에서 소요되는 시간이 크게 단축되어 의외로 쉽게 협의에 도달할 수 있다.

TALKING WISDOM 냉정한 협상상대

이런 유형은 협상과정 중 서로 인사말을 주고받으며 한담을 나누는 단계에서도 말을 아낀다. 이들은 쉽게 흥분하지 않으며 늘 침착하게 이야기한다. 그러다 협상이 본궤도에 오르면 가감 없고 솔직하게 의견을 밝히면서 자신의 입장을 상대에게 이해시키고자 노력한다. 특히 건설적인 의견과 적극적인 대책을 제안하는 데 뛰어난 기질을 보이는 이러한 유형의 사람과 협상하는 경우, 자신도 역시 솔직하게 상대를 대해야 하며 적극적이고 융통성 있는 태도를 취하는 것이 바람직하다.

여러 가지 협상방법 가운데 '천사표'와 '악마표' 전술도 매우 유용하게 쓰일 수 있다.

전설적인 억만장자 하워드 휴즈는 어느 날 대량의 비행기를 사들여야 겠다는 결심을 하게 되었다. 그가 계획한 구매수량은 자그마치 34대였고, 그중에서도 11대는 무슨 일이 있어도 반드시 구매할 생각이었다. 휴즈는 먼저 직접 비행기 제조업체와 협상을 벌였지만 협상이 여의치 않자 끝내 크게 화를 내고 돌아오고 말았다. 그러나 그는 여전히 단념할 수 없어 대리인을 구해 협상을 이어나가도록 했다. 휴즈는 대리인에게 그가 가장 마음에 들어한 11대만이라도 살 수 있다면 만족하겠노라고 말했다. 그런데 뜻밖에도 대리인은 협상 끝에 34대의 비행기 전부를 그의 수중에 들어오도록 해주었다. 휴즈는 대리인의 놀라운 능력에 감탄할 뿐이었다. 어떻게 그렇게 할 수 있었는지를 묻자 대리인이 대답했다.

"간단하더군요. 협상이 교착상태에 빠질 때마다 저는 이렇게 물었습니다. 당신들 대체 나랑 이야기할 마음이 있는 겁니까? 아니면 다시 휴즈 본인이 와서 협상하기를 바랍니까? 그러자 상대 쪽에서 곧장 꼬리를 내리고 말하더군요. 알았어요, 알았어. 당신이 원하는 대로 합시다!"

위의 예에서 이 똑똑한 대리인은 천사표와 악마표 전술을 적절하게 사용했다.

천사표와 악마표 전술을 사용하려면 두 명의 협상인물이 필요하며 이 두 협상자가 동시에 첫 번째 협상 자리에 나가서는 안 된다. 두 사람이 함께 자리에 나갈 경우, 만약 그중 한 사람이 상대에게 안 좋은 인상을 심어주었을 때 다른 한 사람에 대한 인상 역시 나쁜 영향을 받기 때문에 다음번 협상에서 불리해진다.

첫 번째로 등장하는 협상자는 악마표를 달고 나선다. 그의 임무는 상대방에게 '이 사람 다루기가 쉽지 않군' 내지는 '협상 자리에서 이런 상대를 만나다니, 정말 삼대가 재수 없겠어'와 같은 인상을 심어주는 것이다. 그러고 나면 두 번째 협상자가 천사표를 달고 나와 '평화의 천사' 역할을 맡는다. 이로써 상대방이 '이제야 한숨 좀 놓겠다'는 느낌을 받도록 하는 것이다. 그런 식으로 목적을 달성할 때까지 두 사람이 번갈아 등장하며 협상을 진행한다.

첫 번째 협상자는 상대방이 '다시는 이런 사람이랑 얘기하고 싶지 않다'는 반감을 가지게 하면 족하다. 그러나 이런 전략은 상대편이 협의를 보고자 하는 욕구가 강한 경우에만 사용할 수 있다. 협상을 통해 문제를 해결할 마음이 있다면 첫 번째 협상자의 인상이 나쁘다고 해서 중도에 협상을 중단시키는 일은 없을 것이기 때문이다. 그러므로 협상 전에 반드시 상대방이 협상에 대해 어떤 태도를 견지하고 있는지를 파악해야 하며, 만일 상대 쪽에서 협상이 이루어져도 그만, 아니어도 그만이라는 태도라면 이 전략은 쓰지 말아야 할 것이다.

일반적으로 협상은 자기 쪽 근거지에서 진행되는 것이 보다 유리하지만 천사표, 악마표 전략을 쓸 때는 오히려 상대방의 진영에서 협상을 벌이는 편이 낫다. 첫 번째 협상자가 어떤 방식으로 나오든, 협상이 상대방 근거지에서 이루어진다면 '어쨌든 여기는 우리 구역이니까'라고 안심하게 되므로 대개의 경우 정도를 벗어나는 감정적인 반응은 나타나지 않는다. 그래서 두 번째 협상자가 등장했을 때도 그들의 태도가 지나치게 부정적인 경우는 거의 없다.

이와는 반대로, 만약 협상이 우리 쪽에서 진행되는 상황에서 첫 번째 협상자가 열 받게 하는 말을 한다면 이후의 협상 자체를 거절하거나 협상 장소를 바꾸자는 요구까지 제기될 수 있다. 그래서 어쩔 수 없이 협상장소가 바뀌면 상대방은 지난번 협상에서의 불쾌감을 떨쳐버리고 다시 의기양양해져서 우리 쪽의 도전에 강하게 맞설 것이다. 그렇게 될 경우 이 전술의 효과는 크게 떨어질 수밖에 없다.

천사표, 악마표 전술의 효과는 첫 번째 협상자와 두 번째 협상자의 긴밀한 협력을 통해서만 얻을 수 있다. 두 번째 협상자는 상대방이 첫 번째 협상자에게 가진 나쁜 인상을 이용해 협상을 이어가야 하기 때문이다. 첫 번째 주자의 연기가 통하지 않으면 두 번째 주자가 일을 성사시킬 가능성은 이미 물 건너갔다고 해야 할 것이다.

말을 잘하는 사람
TALKING

행동을 잘하는 지혜
WISDOM

CHAPTER 02

완곡어법을
구사하라

말과 행동이 지나치게 직설적이고 노골적인 것은 좋지 않다. 말을 하는 데도 방법과 기술이 필요하다. 정면승부를 걸어 성공할 가능성이 없다면 돌아가는 것도 차선책이 될 수 있다. 우회가 뒤처지는 것처럼 느껴질지 모르지만 결국 막다른 곳에서도 길은 열리고, 새로운 희망은 생겨나게 마련이다.

어떤 이야기는 직설적으로 언급하기 어려워 표현방법을 달리해야 하는 때가 있고, 어떤 사람은 접근하기가 힘들어 높은 산을 올라가듯이 빙 둘러서 서서히 접근해야 하는 경우도 있다. 상대의 속내가 제대로 파악되지 않을 때는 '돌을 던져 길을 묻는投石問路' 방법으로 상대방의 속을 떠봐야 한다. 또한 어떤 일은 정면으로 승부를 걸지 못하고 곡선운동을 해야 할 때가 있다. 이런 것들을 전부 우회전략이라 할 수 있는데, 대인관계의 고수들이라면 모두 이 방법에 정통하다.

TALKING WISDOM 정면돌파를 피하라

일을 성사시키는 데 정공법正攻法이 통하지 않을 때가 있다. 그럴 때는 정면충돌을 피해 공략하려는 대상과 가까운 사람부터 손을 쓰는 것도 하나의 전략이 될 수 있다.

우회법의 가장 큰 특징 중 하나는 융통성 있게 노선을 변경할 수 있어야 한다는 점이다. 일이 순조롭게 진행되지 않을 때 아이들로부터 아이디어를 얻거나 연륜 있는 어르신의 생각을 받아들이면 상대방에게서 호감을 얻고 우호적인 관계를 맺는 데 큰 도움이 될 수도 있으니 늘 마음을 열어두자.

연장자에게는 반드시 공손한 태도로 예의를 갖추어야 한다. 한편으로는 겸손함과 성실함을 내비치면서 다른 한편으로는 연장자에 대한 존중과 경의를 표해야 한다. 자신감에 넘쳐 큰소리만 뻥뻥 치거나 연장자의 말을 귀 기울여 듣지 않는다면 그들의 심기를 거스르게 될 것이다. 그리고 어린아이들은 웃기도 잘하지만 울기도 잘해서 조금만 마음에 안 들어도 울음을 터뜨리기 일쑤다. 따라서 아이들과 의사소통을 할 때는 아이의 정서나 상황에 따라 기분을 맞춰주면서 수위를 조절해야 한다. 어른의 입장에서 무조건 훈계하거나 섣부르게 다가서지 말고 동심으로 돌아가 아이의 환심을 사는 것이 가장 좋은 방법이다.

TALKING WISDOM 때와 장소에 따라 자신을 낮추라

사회생활을 하다 거북한 지경에 처했을 때 자조는 오히려 체면을 잃지 않고도 그 상황에서 빠져나올 수 있게 해주기도 한다.

어느 클럽의 파티에서 웨이터가 술을 따르다 실수로 한 대머리 손님의 머리 위에 맥주를 쏟고 말았다. 웨이터는 놀라서 안절부절못했고, 파티장

안에 있던 사람들도 전부 눈을 동그랗게 뜨고 멍하니 서 있었다. 그때 그 손님이 미소를 지으며 말했다.

"젊은이, 맥주로 내 머리를 치료해주려 했나보지?"

그 말에 장내에 있던 사람들이 모두 크게 웃었고 어색했던 상황도 자연스럽게 넘어갔다. 이 손님은 스스로를 웃음거리를 만들었지만 이를 통해 자신의 아량이 넓다는 것도 보여주고 자존심도 지켰으며 스스로 치욕감을 없앨 수 있었다.

이렇듯, 적절한 시기에 적절한 정도의 자조는 일종의 교양이자 활력 넘치는 교류방식이 될 수 있다. 자조는 여유 있고 정감 있는 대화 분위기를 조성하는 데 보탬이 된다. 자신은 홀가분하고 소탈해질 수 있고, 상대에게는 당신의 인간미를 느끼게 할 수 있으며, 때로는 그렇게 함으로써 오히려 자신의 체면을 더 잘 지키고 새로운 심리적 평형을 얻을 수 있다.

TALKING WISDOM 원수를 은혜로 갚아 마음을 돌려라

어느 대가족 집안에서 막내며느리를 들였는데, 그녀는 솜씨도 좋고 현명한 데다 온순하기까지 해서 시부모의 사랑을 독차지했다. 이 때문에 큰며느리와 둘째며느리는 속으로 늘 막내며느리를 질투했다. 하루는 막내며느리가 밥을 짓는 순서가 돌아왔는데 그녀는 밥을 지은 후 집 앞 개울에 나가서 빨래를 하고 있었다. 그때 큰며느리와 둘째며느리가 나쁜 꾀를 냈으니, 아궁이에 땔감을 일부러 많이 집어넣고는 밥이 눌어 탄내가 나게 만든 것이다. 막내며느리가 가족들 앞에서 망신을 당하고 당황해하는 모습이 보고 싶었기 때문이었다. 얼마 후 막내며느리가 빨래를 마치고 집으로 돌아와 보니 밥 타는 냄새가 풍겨왔다. 부엌으로 달려가니 땔감이 아직도 타고 있었다. 똑똑한 막내며느리는 이런 일이 벌어진 이유를 알아차렸다. 그녀는 머리를 써서 약간 눌은밥을 끓여서 죽으로 만들고 거기다 부침개를 더 부쳐냈다. 식사시간이 되어 가족들이 모이자 그녀는 이렇게 말했다.

"요즘 날씨가 더워서 다들 입맛이 없으실 것 같아 죽을 좀 쒀봤어요. 부침개도 만들었으니 같이 드시면 입맛이 돋으실 거예요."

이 말에 가족들은 이구동성으로 칭찬을 아끼지 않았다. 가족들의 비위를 맞추는 것은 물론 큰며느리와 둘째며느리의 기도 죽였으니 일거양득이라고 할 수 있었다. 줄곧 그녀를 시기하고 괴롭히려 했던 두 사람도 막내며느리의 재치에 감탄할 수밖에 없었다. 그 뒤로 두 사람은 막내며느리에게 잘 해주기 시작했고, 막내며느리도 지난날의 떨떠름한 감정들을 앙갚음하지 않고 두 동서를 더욱 잘 모셨다. 며느리들 사이의 관계는 폭풍 전야 같은 상황에서 봄날의 꽃밭처럼 환하게 변했다.

TALKING WISDOM 덫을 놓고 뱀을 동굴에서 꾀어내라

장씨의 여동생이 다른 사람에게 돈을 빌려주고 증거로 남긴 차용증서를 찾지 못해 다급해하고 있을 때였다. 장씨가 동생에게 한 가지 아이디어를 주었고, 며칠 후 여동생은 웃으며 오빠에게 말했다.

"차용증을 대신할 문서가 왔어요."

어떻게 된 일인가 하면, 동생은 오빠의 말대로 돈을 빌려간 사람에게 전보를 보내 빨리 2,100위안을 갚으라고 재촉했다. 그러나 실제 빌려간 돈은 1,200위안이었기에 돈을 빌린 사람은 화를 내며 회신을 보냈다.

"내가 빌린 건 겨우 천이백 위안이고 막 갚으려던 차였는데 당신이 어떻게 양심을 속이고 이런 거짓말을 할 수 있습니까?"

동생은 고의로 1,200위안을 2,100위안으로 고쳐 써서 상대편이 자신의 실수를 바로잡도록 한 것이다. 그리하여 이 회신이 차용증서를 대신할 수 있게 된 셈이었다. 동생은 이 약식 차용증서를 받은 후 편지를 써서 2,100위안이라고 쓴 것은 실수였으니 양해해줄 것을 정중하게 청했다.

TALKING WISDOM 우회적으로 심문하라

젊은 부부가 살다보면 충돌을 피할 수 없을 때가 있는데, 갈등을 해결하려면 내키는 대로만 행동한다거나 아무 말이나 거침없이 내뱉어서는 안 된다. 정말로 갈등을 풀어나가고 싶다면 자신의 행동이 어떤 결과를 초래할지 두 번 세 번 생각해보고 필요하다면 돌려 말하고 행동할 줄도 알아야 한다.

예를 들어 집안의 경제를 맡아 관리하는 아내가 어느 날 남편에게 몰래 숨겨둔 비자금이 있다는 사실을 알았을 때는 어떻게 해야 할까? 만일 화난 얼굴로 히스테리를 부리며 한바탕 싸움을 벌인다면 부부 간의 감정에 바로 금이 생기고 가정에 그늘이 드리워질 것이 분명하다. 그러나 또 반대로 알고도 모르는 척, 보고도 못 본 척 내버려 둔다면 한 가정의 아내로서 마땅히 지녀야 할 책임을 저버리는 것이나 다름없는 일이 된다. 그렇다면 어떻게 해야 부부 사이의 감정을 상하지 않게 하면서 아내의 책임감도 잃지 않을 수 있을까? 가장 일반적인 방법은 남편에게 비자금을 모은 의도를 우회적으로 묻는 것이다. 다시 말해, 아내 자신이 직접 물어보는 게 아니라 다른 가족 구성원을 통해 묻는 것이다. 예를 들어 시부모님이나 사리 분별을 할 줄 아는 나이의 자녀에게 자신의 의사를 대신 전하게 한 후 남편의 반응을 기다리는 것이다.

가정 내에서 사용하는 우회법은 당연히 골탕을 먹이기 위해 덫을 놓는 것과는 다르다. 돌려 말하고 행동함으로써 남편과 아내 모두의 체면은 살려주면서 더불어 말다툼이 줄어들고 가족들 사이의 정은 더 깊어지기 때문이다. 이는 부부 사이의 감정에도 큰 영향을 줄 수 있다.

TALKING WISDOM 도움을 주는 척, 교묘하게 위기에서 벗어나라

명나라 가경嘉慶 연간에 이락李樂이라는 청백리가 살았다. 한번은 그가 과거시험에서 부정행위가 일어난 것을 발견하고 즉각 황제에게 보고를 올렸다. 그러나 황제는 이 일에 대해 별다른 조치를 내리지 않았다. 그는 다시 주청을 올렸지만, 결과적으로 황제의 화만 돋우어 황제는 이락의 입에 봉인을 붙이고 누구도 떼지 못하도록 명령했다. 입을 막았다는 것은 음식을 먹지도 못하게 하는 처사였으니, 이는 곧 그에게 사형을 내린 것이나 다를 바 없었다. 그때 곁에 있던 한 관리가 다가가 이락에게 호통을 쳤다.

"감히 황제폐하 앞에서 함부로 지껄이다니, 마땅히 벌을 받아야지!"

그는 동시에 이락의 따귀를 호되게 내리쳤고, 그때문에 입에 붙어 있던 봉인 종이가 찢어져 버렸다. 이는 황제를 돕고 이락을 책하려다 일어난 일이었기에 황제도 그를 탓할 수는 없었다.

사실 이락을 때린 관리는 이락의 제자로, 중요한 순간에 황제의 비위를 맞추는 듯하면서 교묘히 자신의 스승을 구한 것이다. 만일 그가 앞뒤 상황을 가리지 않고 서슴없이 직언을 했다면, 스승도 구하지 못했을 것이고 자신도 함께 연루되는 불행을 면치 못했을 것이다.

기둥을 쳐서
대들보를 울려라

'기둥을 쳐서 대들보를 울린다'는 속담이 있다. 기둥을 조금만 소리 내어 쳐도 상대방은 금세 알아차릴 수 있으며, 힘 있게 치면 호랑이도 놀랠 만한 효과를 낼 수 있다. 이 방법은 상대방을 쉽게 설복시킬 수 있으면서도 직접적으로 공격하는 것이 아니기 때문에 상대방이 난처한 상황을 모면할 여지를 남겨줄 수 있어 유용하다.

이 전략은 쉽게 말해 정면으로 부딪치는 것이 아니라 변죽을 울리며 측면 혹은 가장자리부터 접근해 목적을 달성하는 방법이다. 별 뜻 없는 말을 건네는 듯 보이지만 실은 말 속에 또 다른 뜻을 숨긴 채 은근슬쩍 상대를 비방하는 것이다. '뽕나무를 가리키며 홰나무를 욕하고指桑罵槐 산을 두드려 호랑이를 놀랜다敲山震虎'는 말과도 일맥상통한다. 이 전략은 바로 앞 단계의 우회법과도 비슷한 면이 있지만 함의성이 크며 우회법에 비해 한층 주동적이고 직접적이며 독특한 묘미를 느낄 수 있다.

TALKING WISDOM 상황을 연출해 간접적으로 지적하라

상대방의 언행이 사리에 맞지 않을 때 곧바로 자신의 불만을 토로하기보다는 잠시 참고 있다가 적절한 상황을 선택하거나 혹은 직접 상대방에게 유사한 언행을 연출해 보이고, 그런 다음 잘못한 부분을 넌지시 언급해줌으로써 상대방이 나의 의도를 깨닫게 하는 것이 가장 좋은 방법이다.

예를 들어보자. 아내가 재봉틀 앞에 앉아 일을 하는데 남편이 그 옆에 와서 쉴 새 없이 잔소리를 한다.

"천천히…… 조심, 조심하라고…… 바늘이 부러졌잖아, 천이 왼쪽으로 밀렸어…… 잠깐……."

아내가 참지 못하고 화를 냈다.

"당신 왜 옆에서 자꾸 훼방놓고 그래? 나도 잘할 수 있다고!"

"물론 당신도 잘할 수 있지. 난 그저 내가 거실바닥을 청소할 때 느꼈던 그 기분을 당신도 똑같이 느끼게 해주고 싶었을 뿐이라고."

여기서 남편은 일부러 상황을 연출하는 기교를 보였다. 이전에 자신이 거실을 청소할 때 아내가 옆에서 일일이 꼬투리를 잡으며 잔소리를 했던 경험이 있기 때문이다. 아마도 그 자리에서 바로 아내의 체면을 구기고 싶지 않았기 때문인지 남편은 직접 불만을 털어놓지 않고 적절한 기회를 기다렸다. 그러다 이 상황을 기회 삼아 그때와 유사한 상황을 연출해, 아내로 하여금 잔소리를 들으며 지휘당하는 기분을 똑같이 느끼게 함으로써 평소 지시하기 좋아하는 아내에 대한 불만을 표출해 보인 것이다.

TALKING WISDOM 말 속의 뼈로 넌지시 깨우치기

걸핏하면 남자친구에게 화를 내며 자신의 개성을 드러내는 일부 젊은 여성들을 볼 수 있다. 만약 이 여성이 집에서 금지옥엽처럼 키워졌거나 오빠에게 사랑받는 애교 덩어리 여동생이라면 더더욱 남들이 자신에 대해 불만을 가진다는 사실을 견디지 못할 것이다. 일부 사랑에 미친 남자들은 말실수로 여자친구를 불쾌하게 만들었다가 '공주님'의 미움을 살까 두려워 얼른 사과하기 바쁘고, 심한 경우 자기 자신을 깎아내리면서까지 용서를 빌며 연인에 대한 충정을 보이기도 하는데, 사실 이는 불필요한 행동이다.

모 회사의 임원이 애지중지로 키운 딸 서씨와 평범한 회사원 이씨가 연애를 하게 되었다. 서씨는 늘 모종의 우월감을 보였는데, 그것은 남자친구인 이씨가 농민의 아들인 데다 사회생활을 뒷받침해줄 만한 든든한 배경이 없었기 때문이다. 한번은 서씨가 남자친구의 초대를 받아 이씨의 집에 가게 되었는데, 내내 이씨 가족의 생활습관에 대해 거북스러워하는 눈치를 보이며 끊임없이 이씨의 귀에 대고 수군수군 불평을 했다. 저녁식사를 마친 후에는 이씨의 여동생에게 따뜻한 물을 달라는 둥 수건을 가져다 달라는 둥 심부름을 시키기까지 했다. 이씨는 이런 여자친구의 태도에 기분이 썩 좋지 않았다. 그는 기회를 보다 여동생에게 웃으며 말했다.

"시집살이도 먼저 당해본 사람이 시킨다더라. 너도 지금 미리 훈련을 한다고 생각해. 그래야 나중에 남의 집에 시집가서 그렇게 시킬 수 있지."

이씨의 말에 서씨는 뭔가를 깨닫고 자신에게 지나친 면이 있었음을 사과하지 않을 수 없었다. 이씨는 타이밍을 놓치지 않고 은근한 비유를 이용해 서씨를 깨우침으로써 직접적인 충돌을 피했다. 이런 식으로 함축적인 표현을 써서 각성시키면 그 순간은 상대의 기분이 나쁠지 몰라도 나중에는 깨닫는 바가 있을 것이다.

TAL**KING** WIS**DOM** 방식을 바꾸어 걸림돌을 제거하라

오늘날 기업경영에서 회사의 발전에 저해가 되는 사람들을 보면 창업 시기의 동료나 일등공신인 경우가 많다. 이는 수많은 실례가 증명하고 있다. 그런 사람들은 공은 공대로 차지하고 높은 자리에도 마음대로 올라가지만 지위에 맞게 성실히 일하기는커녕 자만에 빠져 발전은 꾀하지도 않고 자기 뱃속만 채우며 이해관계에 따라 서로 알력을 빚기도 한다. 그들은 일찌감치 회사의 발전은 뒷전으로 밀어놓았을 뿐 아니라 스스로가 회사발전의 걸림돌이 되어버린다. 이럴 때는 변죽을 울리며 가장자리에서부터 걸림돌을 제거하는 방법이 무방할 것이다.

TAL**KING** WIS**DOM** 유머로 자신의 입장을 나타내라

유머는 인간관계의 윤활유 같은 존재로 유머를 통해 상대방에 대한 불만을 표시하는 것도 좋은 방법이 될 수 있다.

유난히 까다롭고 가리는 것이 많은 한 여자가 식당에 가서 계란프라이를 시켰다. 그녀는 식당 여종업원에게 일렀다.

"흰자를 완전히 익히는 대신 노른자는 절대로 익히면 안 돼요. 반드시 노른자가 움직일 정도가 돼야 한다는 거 잊지 말아요. 기름은 너무 많이 두르지 말고 소금도 거의 치지 마세요. 대신 후추를 조금 넣고요. 아, 그리고 계란은 시골에서 자란 건강한 암탉이 갓 나은 신선한 것이어야 해요."

"저기, 손님……."

종업원이 나긋하게 말했다.

"그 암탉 이름이 진상이라고 하는데, 이름은 마음에 드시는지요?"

이 일화에서 종업원은 유머를 통해 상대를 깨우치는 방법을 썼다. 지나치게 까다로운 손님 앞에서, 종업원은 요구가 과하다는 것을 직접적으로 따지지 않고 상대방이 한 방식 그대로, 오히려 더욱 황당하고 우스운 질문을 던졌는데 사실 여기에는 '손님의 요구는 너무 지나치며, 우리는 그 요구를 만족시켜드릴 수 없습니다'라는 뜻이 담겨 있었다. 이로써 종업원은 손님에 대한 불만을 유머러스하게 드러낸 것이다.

_{TALKING WISDOM} 산을 두드려 호랑이를 놀래라

송나라 때 익왕益王 조원걸趙元傑은 궁궐 안에 커다란 인공산假山을 만드는 데 수백만 냥을 들였다. 인공산이 완성되자 그는 귀빈들을 초대해 연회를 베풀며 함께 감상했다. 모두들 술기운이 올라 기분이 고조돼 있는데, 오로지 요탄姚坦만이 고개를 숙이고 깊은 생각에 잠겨 인공산에는 눈길조차 주지 않았다. 그걸 본 익왕은 요탄을 불러 인공산에 대한 감상을 듣고자 했고, 요탄은 그제야 고개를 들어 인공산을 흘깃 쳐다보더니 말했다.

"인공산이라니요, 제 눈에는 혈산血山만이 보일 뿐입니다!"

익왕은 깜짝 놀라 그 이유를 물었다. 그러자 요탄이 대답했다.

"제가 농촌에 있을 때 주현州縣의 관아에서 부세를 독촉하고 농가의 남자들을 어른, 아이 할 것 없이 끌고 와 채찍질하는 모습을 제 눈으로 직접 보았습니다. 이 가짜 산은 모두 백성들의 피땀으로 만들어진 것이니 혈산이 아니고 무엇이겠습니까?"

당시 인공산에 관심이 많았던 익왕은 요탄의 말을 듣고는 곧바로 인공산을 허물 것을 명했다.

인공산을 피로 만든 산이라고 한 요탄의 표현이 과장되기는 했지만 직접 보고 들은 사실을 진술함으로써 강한 충격을 주어 익왕이 자신의 행동을 되돌아보게 만들었고, 이로써 '산을 두드려 호랑이를 놀랜다'는 목적을 어렵지 않게 이룰 수 있었다.

때로는 돌아가는 것이
빠른 길일 수도 있다

만일 한 지점에서 다른 한 지점까지 가고자 한다면 당연히 직선으로 이동하는 것이 가장 가까운 길이겠지만 말이나 행동의 경우 반드시 그렇지만은 않다. 언행을 할 때는 간혹 지름길 대신 돌아가는 길을 택하는 것이 오히려 빠른 길이 될 수도 있다.

언제 어디서나 거침없이 직언을 하는 사람은 솔직하고 명쾌한 모습으로 사람들의 인기를 끌기도 하지만 그런 모습이 언제나 환영받는 것은 아니다. 때로는 사람들 사이에서 불화를 일으키는 장본인으로 비춰지기도 하고, 발언이 본래 의도에서 벗어나 크게 말썽을 일으키기도 한다. 그러므로 일부러 중심화제와 기본의도를 겉돌며 그와 관계된 사물이나 도리 중 가장 거리가 먼 것에서부터 이야기를 시작해 점차 중심화제로 파고드는 방식이 유효할 때가 있다.

아래의 두 가지 사례를 함께 살펴보자.

저녁식사 때가 지난 시간, 청년 몇 명이 담당 교수를 찾아갔다. 대화는 깊은 밤까지 계속되었고 교수는 젊은이들에게 이렇게 말했다.

"자네가 제기한 문제는 연구해볼 가치가 충분하네. 내일 내가 다른 도시에서 열리는 학술토론회에 참가하는데, 그곳에서 전문가들과 함께 이 문제를 놓고 심도 있게 대화를 나눠봐야겠네."

그 말에 청년들은 곧바로 자리에서 일어나 작별인사를 고했다.

"죄송합니다, 교수님. 내일 출장을 가시는 줄도 모르고 결례가 많았습니다. 쉬십시오."

교수는 일찍 쉬어야 했지만 인정상 손님들을 돌려보내기가 쉽지 않았기 때문에 상대방이 꺼낸 화제를 이용해 돌아가 줄 것을 암시했다. 그는 완곡하게 돌려 말함으로써 뜻을 표시하면서도 예의를 잃지 않았다. 이처럼 때로는 말을 에둘러 할 필요가 분명히 있으며, 이는 단도직입적으로 표현할 때와는 또 다른 효과를 갖는다.

어느 날, 한 젊은 교사가 일찌감치 퇴근하고 돌아와 대추밥을 만들었다. 맛을 본 그의 아내는 그릇을 두 손에 받쳐 들고 즐거워하며 물었다.

"이 대추 참 달다. 어디서 났어?"

남편은 고향에서 이모님이 보내주신 것이라고 대답했고, 아내는 감격해하며 말했다.

"이모님께서 정말 신경 많이 써주시네. 해마다 잊지 않고 대추를 보내주시고 말야."

"그걸 말이라고. 게다가 어려서 부모님을 여읜 뒤로는 쭉 이모님이 나를 키워주셨다고!"

"이모님이 평생 너무 고생이 많으셨네."

그런 대화가 오가던 중 갑자기 남편이 한숨을 쉬며 말했다.

"대추를 가져다주신 분 말씀이, 이모님 병이 또 도졌다나봐. 그래서 말인데……."

"그럼 얼른 우리 집으로 모셔와 병원에서 치료받게 해드려야지."

남편의 말이 채 끝나기도 전에 아내는 남편이 하고 싶었던 말을 먼저 꺼냈다. 남편은 이모님을 모시고 와 도회지 병원에서 치료를 받게 해드리고 싶었다. 그러나 그런 뜻을 직접 말하기보다 먼저 대추밥을 해먹으면서 적절한 분위기를 만든 것이다. 그런 다음 이모님이 편찮으시다는 말을 꺼냄으로써 아내가 먼저 이모님을 모시자는 말을 하게끔 이끌었다. 이런 식으로 말이 오가다 보면 자연히 대화는 원만하게 풀려나가고, 그 효과는 단도직입적으로 말할 때보다 훨씬 뛰어나다.

일찍이 저명한 언어학자 왕리エカ는 "에둘러 말하기는 대화에서 하나의 예술과도 같다"라고 말했다. 이러한 예술을 잘 다루려면 우선 구체적인 상황과 분위기를 제대로 분별하는 것이 중요하다.

일반적으로, 아래 소개할 몇 가지 상황에서는 돌려 말하기가 유용하게 쓰일 수 있다.

TALKING WISDOM 순리적으로 접근하라

어떤 생각이나 의견들은 그것이 직접적으로 드러날 경우 상대방이 당황해서 받아들이기 힘들어한다. 또 상대방이 이미 그것에 대해 동의하지 않는다는 의사표시를 명확히 한 후라면 상대의 생각을 되돌리기란 더더욱 어렵다. 이런 상황에서 사리를 강조하고 상대방을 설득하기 위해서는, 일단 기본관점이나 결론은 내버려 두고 주제와 관련 있는 어떤 사물이나 상황, 사건 따위를 가지고 순리적으로 접근하는 것이 좋다. 위의 두 번째 사례에서 교사는 상황에 맞춰 하고 싶은 말을 잘 둘러서 했다. 만일 이모님을 모셔왔으면 좋겠다고 직접적으로 말했다면 아내는 동의하지 않았을지도 모른다. 그러나 대추밥을 해먹으면서 대추에 대해 말하다보니 물이 흐르는 곳에 도랑이 만들어지듯 자연스럽게 이모에 대한 이야기로 옮겨가, 굳이 자신이 말을 꺼내지 않고도 자신의 마음속에 담아두었던 이야기를 아내가 대신할 수 있었던 것이다.

TALKING WISDOM 예의를 잃지 말아야 할 경우

어떤 경우에는 말을 직설적으로 뱉는 것이 예의에 어긋날 수도 있다. 우리는 예로부터 예의를 중시했기 때문에 사교생활과 대인관계에서도 예의를 우선시하는 풍조가 이어져왔다. 대화를 할 때도 단어선택이 적절한지, 격에 맞는 표현인지를 신중하게 따진다. 물론 사적인 장소에서나 친한 친구들 간에는 머릿속에서 생각나는 대로 솔직하게 말할 수 있고, 말을 잘못했더라도 큰 지장이 없다. 그러나 공적인 장소에서 절친한 관계가 아닌 사람과 대화를 할 경우, 특히 연장자나 상급자, 외부 손님을 대할 때는 말의 방식과 수위에 특별한 주의를 기울여야 한다. 예의에 어긋나지 않기 위해서는 돌려 말하는 요령이 필요하다. 위에서 소개한 첫 번째 사례에서 교수는 특정한 상황과 대상, 자신의 신분 등을 모두 고려해 분위기를 망치지 않고 소통을 이루었다. 만일 그가 내일 출장을 가야 하니 다음에 얘기하자고 대놓고 말했다면, 손님을 돌려보낸다는 목적은 달성했을지 몰라도 상대방을 난처하게 만들었을 것이고 자상하고 부드러운 교수로서의 인상에도 해를 끼쳤을 것이다.

단도직입적으로 본론을 이야기하기가 인정상 쉽지 않은 경우가 있다. 예를 들어 시어머니와 며느리 사이나 연인 사이, 친척 간인 경우 등이 그렇다. 이런 관계에서는 특히 서로가 조심스럽고 민감한 경우가 많으므로, 언어선택이 잘못되면 서로 불편해지거나 오해나 갈등을 초래하기 쉽다.

때로는 상대방의 감정 상태나 기분 탓에 대화 자체가 진행되기 힘들 때도 있다. 그러나 그럼에도 상대를 반드시 설득해야 한다면 어떤 수를 써서라도 언어소통의 길을 이어가야 할 것이다. 예를 들어 조태후趙太后에게 그녀의 아들 장안군長安君을 제나라에 인질로 보내도록 간언한 촉룡觸龍이 그 뜻을 이룰 수 있었던 것은 그가 말을 돌려 하는 능력이 뛰어났기 때문이다.

에둘러 말하기를 때와 장소에 따라 정확히 사용하는 것도 중요하지만 여기에 상용되는 몇 가지 방법을 알고 탄력적으로 활용하여 쓸 줄도 알아야 한다. 에둘러 말하기에 쓰이는 사물, 논리와 중심화제, 교제목적 간의 관계를 분석해볼 때 주로 다음의 몇 가지 방법으로 나누어 살필 수 있다.

① **언중유언**言中有言

중심화제와 관련되었으면서 이중의 의미가 내포된 사물을 가지고 이야기를 돌려서 하면, 겉으로 드러나는 말과는 또 다른 속뜻을 함축하면서도 완곡한 어법이 된다. 예를 들어, 어느 시골마을에서 한 청년과 한 아가씨가 속으로는 서로 사랑하고 있었지만 둘 다 부끄럼을 타는 바람에 직접 마음을 털어놓지 못하고 있었다. 그러던 어느 날, 두 사람이 들에서 만났는데 아가씨가 꽃밭 위의 나비를 가리키며 청년에게 물었다.

"어째서 나비만 꽃을 그리워하고 꽃은 나비를 쫓지 않는 걸까요?"

"꽃이 어떻게 나비를 쫓을 수가 있어?"

청년은 별 생각 없이 대답했다. 그러나 말을 마치기 무섭게 청년은 그녀의 의도를 깨닫고는 그녀를 향한 애모의 정을 솔직하게 고백했다. 아가씨는 함축적인 의미가 담긴 질문을 통해 남자로 하여금 말 속에 담긴 또 다른 의미를 깨닫게 함으로써 자신의 속내를 완곡하지만 완전하게 표현하였고 자존심 또한 잃지 않았다.

② 다른 사례와 비교하기

중심화제와 유사한 의미를 지닌 사물을 찾아 비교하는 방법으로, 본의는 알리지 않고 계속 시치미를 떼고 딴소리를 하면서 상대편이 스스로 깨닫게 하는 것과 약간의 힌트를 주는 것의 두 가지 방법이 있다.

③ 감정투자법

이는 자신이 말하고자 하는 특정 주제가 상대방에게 쉽게 받아들여지지 않을 때 상대방의 생각이나 흥미, 직업 등의 특징에 따라 원래 말하고자 했던 주제 외에 부수적인 화제로 넘어갔다가 대화의 물꼬가 트이면 다시 본론으로 들어가는 방법을 말한다.

④ 인과법

자신의 주장을 받아들여 행동으로 옮기도록 재촉하는 원인들을 완곡히 상대방에게 제시하는 방법이다. 이때 원인은 사실이어도 좋고 이론이어도 상관없다.

마지막으로 언급하고 싶은 것은, '에둘러 말하기'가 때로는 말을 함축적이고 우회적으로 만들어주기도 하지만 함축적이고 완곡하다고 해서 모두 에둘러 말하기라고 할 수 없다는 것이다. 에둘러 말하기는 수수께끼도, 은어도 아니며 결국 자신의 견해를 상대에게 이해시키기 위해 길을 돌아가는 것일 뿐이다. 핵심에는 끝내 다가가지 않고 딴소리만 빙빙 돌려 하다가 상대방을 혼란스럽게 만든다면 곤란하다. 그러므로 이 전략을 쓸 때는 보다 신중을 기해서 다른 사람들에게 말만 많고 허구적이라는 인상을 심어주거나 자신의 이미지를 해치는 일이 없도록 해야 할 것이다.

반어법을
사용하라

상대방 앞에서 직접적으로 이야기해도 받아들여지지 않는 경우에는 반어법을 사용해보자. 이를테면 검은 것을 희다고 말하는 식이다. 물론, 당신의 목적은 상대방에게 '검은 것은 검다'라는 사실을 이해시키는 것이다.

우리는 언어표현이 사회적으로 약속된 습관성 규칙이라는 것을 알고 있지만, 특정한 상황에서는 필요에 따라 이 규칙을 깨고 기존의 뜻을 뒤집어 반어법을 쓰기도 한다. 반어법은 겉과 속이 서로 다른 의미를 담고 있다. 표면적으로는 글자 그대로 허위적인 의미를 전달하지만 그 이면에는 화자가 전달하고자 하는 진정한 의미가 담겨 있다.

반어법의 용도는 주로 다음과 같다. 첫째, 직접적인 표현이 금지되거나 통제된 상황에서는 반어법을 써서 그 반대의 의미를 강조할 수 있다. 둘째, 터무니없는 거짓말에 억지로 반박하지 않고 그보다 더 황당무계한 말을 함으로써 허무맹랑한 거짓말을 바로잡을 수 있다. 셋째, 직접적인 표현으로는 강한 정서를 표현하기 힘들 때 반어법으로 문장에 변화를 주면 표현하고자 하는 의미를 강조할 수 있다. 넷째, 정해진 언어의 틀을 깨고 유머를 구사할 때도 반어법을 활용할 수 있다.

반어법의 형식을 보면 겉으로 부정하면서 속으로 긍정하는 것, 겉으로 긍정하면서 속으로 부정하는 것, 반전의 유머 등이 있다.

TALKING WISDOM 겉으로 비난하면서 속으로는 긍정하기

절대로 입 밖에 꺼내서는 안 될 말이 있다면, 그럴 때는 곤란함을 피하기 위해 거꾸로 말을 하면 된다. 진리에서 한발 더 나아가면 거짓이 되고, 부정의 뜻에서 약간만 의미가 변해도 부정의 부정이 되는 법이다. 이 반어법은 『손자병법』에 나오는 욕금고종欲擒故縱, 잡고자 하면 먼저 풀어주라과 마찬가지로 더 큰 것을 빼앗기 위해 먼저 한발 물러서는 전략으로, 곧이곧대로 말하는 것보다 설득의 효과가 크다.

제나라 때 어떤 사람이 제경공齊景公의 미움을 크게 샀다. 몹시 화가 난 제경공은 무례하기 그지없는 그자를 당장 잡아오게 한 다음 무신들을 불러 지해肢解, 옛날 중국에 있던 악형의 한 가지로, 팔다리를 떼어내는 형벌의 형벌을 내리도록 명했다. 그는 심지어 "감히 나에게 간언을 하는 자는 참형에 처하겠다"는 명령까지 내리며 누구도 그 형벌에 대해 간섭하지 못하게 했다. 문무백관들은 왕의 진노에 목이 달아날까 두려워 누구도 입을 열지 못했다. 그때 안자晏子가 무신들이 죄인을 죽이려는 걸 보고 급히 나서서 말했다.

"부디 제가 첫 번째 칼을 휘두를 수 있게 해주십시오."

그곳에 있던 사람들 모두가 의아하게 생각했다. 안자는 전쟁 때가 아니면 절대로 직접 사람을 죽이는 법이 없었기 때문이다. 안자는 왼손으로 그 사람의 머리를 잡고 오른손으로 칼을 갈다가 갑자기 고개를 들어 옆에 있는 제경공에게 물었다.

"고대의 현명한 군주들은 죄인을 지해할 때 어느 곳부터 칼을 댔는지요?"

그러자 제경공이 자리에서 벌떡 일어나 손을 내저으며 말했다.

"아니, 그러지 말게. 그놈을 놓아주게나. 과인이 잘못 생각한 듯하네."

잡혀온 사람은 이미 반죽음이 되어 있었는데, 정신을 차리고 나서 아직까지 자기 목이 붙어 있는 것을 알고 어리둥절해했다. 그러고는 이내 구사일생으로 목숨을 건졌음을 깨닫고 안자에게 연신 고개를 숙인 다음, 냉큼 줄행랑을 쳤다.

안자는 제경공의 곁에 있으면서 종종 이런 방법을 써서 제경공이 잘못 내린 터무니없는 결정들을 바꾸도록 했다.

또 다른 사례로, 한 마부가 제경공이 타던 늙은 말 한 마리를 죽인 일이 있었다. 그 말은 병이 들었는데, 오래도록 치료해도 낫지 않아 혹시라도 다른 말들에게 전염될까 염려되어 마부가 미리 손을 쓴 것이었다. 제경공은 말의 죽음을 몹시 슬퍼하며 마부를 크게 질책하더니 자신이 직접 마부를 죽이겠다며 호통쳤다. 마부는 한 나라의 왕이 겨우 늙고 병든 말 한 마리 때문에 자신을 죽일 것이라고는 꿈에도 생각하지 못했기에 기겁하여 얼굴이 사색이 되고 말았다. 이를 지켜보고 있던 안자는 얼른 제경공의 손에 들린 칼을 잡고는 말했다.

"이런 식으로 성급하게 죽인다면 저자는 자신의 잘못이 무엇인지도 모른 채 죽게 될 것입니다. 청컨대 저에게 저자의 죄목을 나열할 수 있게 해주십시오. 그런 다음 죽여도 늦지 않을 것입니다."

제경공이 말했다.

"그럼 그렇게 하게나. 저 나쁜 놈은 공이 알아서 처치하구려."

안자는 칼을 쥐고 마부에게 가까이 다가가 말했다.

"너는 우리의 국왕을 위해 말을 기르는 자인데 되레 말을 죽였으니 그 죄는 죽어 마땅할 것이다. 너는 우리의 국왕께서 말의 죽음 때문에 부득이하게 말 기르는 자를 죽일 수밖에 없도록 하였으니 그 죄 또한 죽어 마땅하다. 또한 너는 우리의 국왕께서 말의 죽음 때문에 마부를 죽인 일이 사방의 제후들에게까지 전해져 국왕이 말은 사랑하되 사람은 사랑하지 않는다는 사실을 누구나 알게 하여 국왕을 인의仁義도 없는 사람으로 만들었으니 그 죄 또한 죽어 마땅하다. 이로 비추어볼 때 너는 반드시 사형에 처해져야 옳을 것이다."

안자가 다른 말을 덧붙이려 하자 제경공이 이를 가로막으며 말했다.

"그대는 저자를 그만 놓아주게. 그러다 정말 나한테 그런 악명이 붙어 천하의 웃음거리가 되면 어쩌겠나."

이렇게 해서 마부는 안자 덕분에 겨우 목숨을 구할 수 있었다.

또 다른 고사를 살펴보자.

초楚나라의 장왕莊王은 아끼던 말이 죽자 몹시 슬퍼하며 고급 목재로 관을 짜서 성대한 장례를 치르도록 명령했다. 문무대신들이 왕을 끈질기게 설득했지만 먹히지 않았고, 왕은 끝내 대신들을 향해 선포했다.

"누구든 감히 나를 막으려 하는 자가 있거든 목을 벨 것이다."

어떻게 말을 바꾸든 '안 된다'는 한마디면 필경 치욕을 당할 것이었다. 이를 듣고 초나라의 악사樂師 우맹優孟이 궁궐로 들어와서는 다짜고짜 대성통곡을 했다. 장왕이 이상해서 그 까닭을 묻자 우맹이 대답했다.

"그 말은 대왕께서 가장 아끼시던 말이 아니옵니까? 만일 대부의 예우

를 하여 장례를 치른다면 너무도 초라할 것입니다. 그러니 부디 군왕의 예로써 장례를 치르소서!'

장왕이 의아해하자 우맹이 말을 이었다.

"바라옵건대 아름다운 옥으로 관을 짜게 하시고, 각국의 사절들로 하여금 애도의 의미로 곡을 하도록 하실 것이며 최고의 예우를 다해 제사를 지내주어야 할 것입니다. 각국의 제후들이 이를 들으면 다들 대왕께서 사람보다 말을 귀하게 여기신다는 사실을 높이 사게 될 것입니다."

이 말에 장왕은 크게 깨닫고 우맹에게 어떻게 하면 자신의 과실을 메울 수 있을지 조언을 구했다. 결국, 장왕은 우맹의 제안을 받아들여 말을 맛있게 요리해 신하들과 함께 나누어 먹었다.

우맹은 지위가 미천했으므로 만일 직접 왕 앞에서 이로움과 폐단을 논했다면 분명히 문제가 일어났을 것이다. 그러나 그는 오히려 속마음과는 정반대로 말하면서 그릇된 점을 바로잡으려 애썼기 때문에 왕을 감복시킬 수 있었다.

TALKING WISDOM 겉으로 긍정하면서 속으로는 부정하기

류즈후이柳治徽는 중국의 저명한 역사학자다. 어느 날 스스로 신학문을 한다고 여기는 청년 한 사람이 그를 찾아왔다.

"옛날 책들은 하나같이 너무 진부해서 사회에 조금도 쓸모가 없으니 전부 태워버리느니만 못합니다."

노학자는 미소를 지으며 온화한 목소리로 말했다.

"자네 생각에 나 역시 동의한다네. 그렇지만 그보다 더 좋은 생각이 있네. 행동으로 옮기려거든 쉽게 그만두어서는 안 되네. 하려거든 반드시 끝장을 봐야지. 그렇지 않고서 어떤 건 태우고 어떤 건 태우지 않으면 그다지 큰 효과를 볼 수 없을 걸세. 마땅히 전국적으로 들고 일어나 고서古書들은 모조리 모아다 태워버려야 해. 아니, 그것만으론 부족하지. 우리나라에 있는 책들을 다 태운 다음에는 세계 각국 도서관에 보관되어 있는 수많은 고전들을 전부 없애는 거야. 제대로 폐기하지 않았다가는 몰래 숨겨두었던 책들이 다시 사람들 사이에 돌아다니는 일이 생길 수 있으니까 말이야. 그러다 그것들이 중국에까지 들어와 만연하게 되면 앞서 한 우리의 노력이 전부 수포로 돌아가지 않겠나? 그러니 중국의 고서들만 없앨 것이 아니라 전 세계의 고서들도 모두 한꺼번에 태워 없애야 해. 그래야 낡아빠진 책들이 더이상 중국에 남지 않을뿐더러 외국의 수많은 한학자漢學者들도 부지런히 그것들을 폐기처분할 것 아닌가. 안 그랬다가 만에 하나 그 사람들이 중국에 와서 경사자집經史子集, 중국 육조시대에 비롯된 서적 분류법 상의 문제를 놓고 의견을 나누자고 들면 우리는 말문이 막혀 대꾸 한마디 못할 텐데, 그런 망신이 세상에 어디 있겠나?'

귀까지 빨개진 청년은 서둘러 인사를 하고 자리를 떴다.

중국 역사학의 대가인 류즈후이가 고서들을 태워 없애는 데 찬성하고 그것도 모자라 전 세계에 널려 있는 고서들까지 없애야 한다고 주장한 것은 노련하고 원숙한 반어였다. 청년이 아무리 아둔하다 한들 그 말 속의 가시를 못 알아챌 리 없다.

반어법의 기본은 상대방의 판단을 유도하는 데서 시작된다. 적당한 과장과 처음 듣는 말이라도 일리 있다고 느껴지는 반어를 사용하여, 듣는 사람이 처음에는 그것이 도리에 맞는다고 생각하다가 그 안에서 모순을 발견하도록 하고 그로부터 당신이 표현하고자 하는 핵심을 파악하게 하는 것이다.

일반적으로 언어표현에는 일정한 순서가 있고, 사회적으로 약속되고 습관화된 규칙을 지켜야 한다. 그렇다면, 만약 다른 사람과 대화를 나눌 때 고의로 이 관습적인 순서를 뒤바꾼다면 어떤 효과가 나타날까? 상황에 따라 알맞게 말의 순서를 바꾸기만 한다면 전달하고자 하는 의미를 더욱 확실하게 각인시킬 수 있다.

다음의 두 광고문구를 보자.

① 어른들은 어린이를 동반해야 입장할 수 있습니다

　– 아동용품 상점 입구에 쓰인 문구

② 어린이 여러분, 엄마 손을 꼭 잡으세요, 엄마를 놓치면 안 돼요!

　– 놀이동산 입구에 쓰인 문구

둘 다 주어와 목적어의 순서, 즉 어순을 바꿈으로써 '이곳은 어린이가 제일'이라는 서비스 취지를 부각시키고 어른들을 각성시키는 역할을 했다.

어린이의 실수에서도 우리는 많은 깨우침을 얻을 수 있다. 특히 역할의 전도는 우리의 일상생활 속에서도 흔히 볼 수 있다. 예를 들어 학생이 선생님의 말투를 따라한다든지(혹은 그 반대), 일반인이 지도자의 어조를 흉내 내는 것 등등 대립된 쌍방이 자기 위치에서 벗어나 역할을 바꾸는 것은 유머가 될 수도 있다.

어느 날, 한 경찰이 혼자 큰길에 나와 있는 어린 여자아이를 발견했다. 겨우 세 살 반밖에 되지 않은 금발머리에 파란 눈을 가진 아이는 너무도 예뻤다. 그렇지만 이름이 뭔지, 어디에 사는지를 말하지 않아 경찰은 하는 수 없이 단서가 될 만한 것을 찾기 위해 아이의 주머니를 살피기 시작했다. 아이는 아무런 반항도 하지 않았는데, 아이가 또박또박 내뱉은 한 마디가 경찰의 혀를 내두르게 만들었다.

"총 안 들었으니 겁내지 마세요!"

암시법을
응용하라

때로는 직설적으로 이야기하지 않고 간접적인 표현으로 암시하는 것만으로도 충분한 의사전달이 가능하다. 직접 표현하기 어려운 말이라면 더욱이 간접적으로 암시하는 방법을 사용하는 것이 좋다. 암시법을 쓰는 경우, 말로써 완곡하고 함축적인 표현을 사용하는 것이 보통이며 보디랭귀지를 활용할 수도 있다. 여기서 무엇보다 중요한 것은 상대방의 마음을 움직일 수 있어야 한다는 점이다.

한 상인이 다른 상인의 집에서 식사를 하였는데 그가 한 그릇을 다 비웠는데도 마침 주인이 다른 손님과 대화를 나누는 데 정신이 팔려 그의 그릇이 비워진 것도 모르고 있었다. 말을 꺼내기 쑥스러워하던 차에 상인에게 문득 좋은 생각이 떠올랐다.

"제 친구 하나가 한창 집을 판다고 그랬답니다."

그 자리에 있던 사람 하나가 그 이야기를 듣고 얼른 물었다.

"집이 어떤데요?"

"아주 대단해요. 가장 가는 도리_{목조건물에서 들보와 직각으로 기둥과 기둥을 건너서 위에 얹는 나무. 서까래를 받치는 구실을 함}도 이 사발 주둥이보다 굵답니다."

그러자 모두가 일제히 그의 그릇을 바라봤다. 주인은 손님의 그릇이 빈 것을 보고 얼른 음식을 채워주었다. 사람들이 다시 물었다.

"그래서 어떻게 됐나요?"

그가 대답했다.

"하지만 나중에 횡재를 해서 집을 안 팔기로 했습니다."

오늘날의 기준에서 볼 때는 음식을 더 달라고 하기 위해서 이렇게까지 말을 돌릴 필요가 있었을까 싶기도 하지만, 이 이야기는 자신의 의사를 명확하게 전달하기 힘들 때 함축적이고 우회적인 방식으로 상대방에게 정보를 전달하여 그 속에 잠재된 뜻을 깨닫도록 유도하라고 설명하고 있다. 이렇게 겉으로 드러나는 말과 속에 담고 있는 의도가 다른 표현방식을 암시暗示라고 한다. 이는 표면의 언어를 이용해 또 다른 의미공간을 만들어낸다는 점에서 언어 특유의 신기한 기능이라고 할 수 있다. 암시법을 쓰기 위해서는 화자와 청자 모두에게 비교적 높은 수준의 지적 능력이 요구된다.

TALKING WISDOM 완곡하고 함축적인 암시법

암시는 당연히 우회적이고 함축적이어야 한다. 그래야만 비로소 '바로 대어 밝히지 않고 넌지시 알림'이라는 암시의 사전적 의미에 부합되기 때문이다. 그러나 겉으로 쉽게 드러내지 않는다고 해서 그것이 미로 찾기나 수수께끼가 되어서는 안 된다. 지나치게 어려운 말로 의미파악을 힘들게 한다면 과유불급過猶不及이 될 뿐이다. 따라서 암시는 적당한 기지와 생동감이 있어야만 언어의 독특한 맛을 살릴 수 있다.

한 영국 청년이 어떤 아가씨와 사랑에 빠졌다.

하루는 그가 아가씨의 집으로 찾아갔고, 두 사람은 따뜻한 난롯가에 앉았다. 아름다운 아가씨와 마주 앉아 다정하게 대화를 나누면서 젊은이는 자신의 사랑을 고백하고 싶은 마음이 간절했으나 사랑하는 여자 앞에서 경솔해 보이기는 싫었다. 한참을 생각한 끝에 남자가 말문을 열었다.

"당신 집의 오븐이 우리 집에 있는 것과 꼭 같군요."

"그래요?"

아가씨는 남자가 지나가는 말로 한 말인 줄 알고 별로 대수롭지 않게 대답했다.

"우리 집에 있는 오븐으로도 똑같은 민스파이mincepie, 다진 고기와 과일 등을 넣어 만드는 파이로 영국에서 먹는 크리스마스 전통음식 중 하나를 만들어줄 수 있나요?"

아가씨는 순간 멍해졌다가 금세 그 말 속에 숨은 뜻을 알아챘다. 그녀는 흔쾌히 대답했다.

"어디 한번 해보죠!"

이 남자는 암시법을 써서 자신의 마음을 함축적으로 전달했고, 아가씨에게도 많은 여지를 남겨 부담을 덜어주었다.

ᴛᴀʟᴋɪɴɢ ᴡɪꜱᴅᴏᴍ 인정과 도리에 맞는 암시법

도움을 필요로 하는 사람들 중에는 여러 가지 이유 때문에 직접적으로 도와달라고 부탁하지 못하고 암시법으로 넌지시 의사를 묻는 경우가 많다. 그럴 때는 인정을 잃지 않으면서도 합리적인 암시법으로 거절하는 것이 좋다.

같은 고향에서 올라온 두 노동자가 도시에서 일자리를 구한 동향 친구 이씨를 찾아가 막노동의 어려움을 호소하며, 여관에서는 묵을 형편이 안 되고 셋방도 구하기 힘들다는 이야기를 늘어놓았다. 말인즉슨 이씨의 집에서 좀 머물자는 것이다. 이씨는 이 말을 듣자마자 암시적으로 말했다.

"그래, 도시는 우리 고향이랑 달라서 집값이 정말 만만치 않지. 나만 해도 그래. 코딱지만 한 방 두 칸에 삼대가 비집고 들어와 살고 있거든. 고등학교 다니는 아들놈은 잠도 소파에서 잔다네. 자네 둘이 멀리서 이렇게 나를 찾아왔으니, 우리 집에서 편히 며칠 묵도록 해주는 게 당연한데 우리 집 형편이 이러니 이걸 어쩌겠는가?"

두 사람은 곧 눈치를 채고 발길을 돌렸다.

TALKING WISDOM 현외지음弦外之音, 말 속에 직접 나타나 있지 않은 뜻 **암시법**

한 부자가 생일을 맞아 극단을 초청해 축하공연을 벌였다. 공연은 무술극이었는데, 무대 위에서는 한창 흥미진진한 공연이 펼쳐지는 중이었다. 그때 갑자기 부자가 연기자들에게 소리쳤다.

"여러분, 무대 아래로 내려와 무술을 하시오!"

무대 아래는 풀밭인 데다 곳곳에 돌이 널려 있어 잘못했다가는 다치기 십상이었다. 배우들은 머뭇거리며 무대에서 내려오기를 꺼려했다. 부자가 계속 재촉하며 하인에게 돈을 가져오라고 시켜 상금까지 걸었건만 배우들은 망설이기만 할 뿐이었다. 그때 극단의 사회자가 앞으로 나오더니 웃으며 배우들에게 말했다.

"그러지 말고 내려와서 재미난 무술극을 펼쳐보십시다. 그러면 공연 후에 어르신께서 한 사람당 은괴 한 덩이씩을 상으로 주시고, 다친 곳에 고약도 붙여주실 겁니다!"

부자가 아무리 둔하다고 해도 고약을 상으로 준다는 말 속에 다른 뜻이 있다는 것을 못 알아챌 리 없었다. 부자 역시 기쁜 날에 사람들이 다치는 것은 원치 않았기 때문에 더이상 고집을 피우지 않았다. 사회자가 웃으며 던진 한마디가 모두를 즐겁게 만든 것이다.

TALKING WISDOM 유추를 통한 암시법

논쟁이 일어났을 때 어느 한쪽이 명백히 우세를 점하고 있다고 해서 무조건 심한 말을 써가며 다른 한쪽을 몰아붙여서는 안 된다. 설령 상대방이 전부 그르다 할지라도 빗대어 표현하거나 넌지시 암시하는 방법을 써서 상대방이 잘못을 인정하고 사과하도록 만들어야 두 사람 모두 체면 상하지 않고 무익한 논쟁을 매듭지을 수 있다.

한 회사원이 음식점에서 자신이 먹고 있는 국물 속에 파리가 빠져 있는 것을 발견하고는 벌컥 화를 냈다. 그는 먼저 종업원을 불러 물어보았지만 그와는 전혀 말이 통하지 않았기에 직접 음식점 사장에게 가서 따졌다.

"이 국은 대체 파리 먹으라고 만든 겁니까, 손님 먹으라고 만든 겁니까? 해명해보시죠."

사장은 그저 종업원만 혼낼 뿐 그의 항의에는 아무런 대꾸도 하지 않았다. 그는 어쩔 수 없이 마음을 조금 가라앉히고 암시적으로 말했다.

"죄송합니다만, 이 파리가 내게 행한 권리침해 행위를 어떻게 고발해야 좋을지 좀 알려주시겠습니까?"

음식점 사장은 그제야 자신의 잘못을 의식하고 새로 음식을 만들어와 서는 공손한 말투로 말했다.

"손님이 저희 가게에서 가장 귀한 손님이십니다!"

물론 여기서는 손님이 유리한 위치에 있는 게 분명했지만 그는 배상을 요구하며 사장을 들들 볶기보다 파리가 자신의 권리를 침해했다는 유추 가능한 표현을 써서 '사과만 하면 봐주겠다'는 뜻을 암시했다. 그렇게 해서 거북한 상황을 자연스럽게 넘길 수 있었다.

TALKING WISDOM 보디랭귀지 암시법

'보디랭귀지 암시법'은 주로 미소나 눈빛과 같은 보디랭귀지를 사용해 암시함으로써 유도, 설득, 부추김 등의 목적을 달성하는 것을 말한다.

교사가 수업시간에 중요한 내용을 설명할 때 창밖을 내다보며 딴생각을 하는 학생들이 있다. 그럴 때 교편으로 칠판을 몇 차례 치면 매우 효과적인 경고가 된다. 또 한 학생이 칠판 위에 써놓은 복잡한 계산문제를 풀지 못하고 쩔쩔매고 있을 때 교사가 다가가 어깨를 가볍게 두드려준다면, 그런 작은 행동 하나가 학생에게는 큰 격려가 될 것이다.

난감한 상황을
원만하게 수습하라

다른 사람 혹은 자기 자신이 난감한 상황에 처했을 때 그 상황으로부터 빠져나오기 위해 동원되는 여러 가지 방법들에는 한 가지 공통점이 있다. 그것은 궁지에 빠져서도 유연하고 순발력 있는 사고를 잃지 않고 그때그때 가장 유리한 방향으로 주도권을 잡아 현재의 피동적인 국면을 전환시킨다는 점이다.

모 대학에서 퀴즈대회가 열렸는데, 사회자가 다음과 같은 문제를 냈다.

"삼강오륜三綱五倫에서 '삼강'은 무엇일까요?"

한 여학생이 재빨리 대답했다.

"신위군강臣爲君綱, 자위부강子爲父綱, 부위부강婦爲夫綱입니다."

세 가지 모두 순서를 뒤집어 말해버린 바람에 장내는 온통 웃음바다가 되었다. 여학생은 자신의 실수를 깨닫고는 즉시 덧붙여 말했다.

"왜 웃지요? 저는 새로운 삼강에 대해 얘기한 거랍니다."

사회자가 물었다.

"새로운 삼강이라뇨?"

여학생이 대답했다.

"오늘날 우리나라는 국민이 나라의 주인이고 지도자와 간부들은 국민

142

의 종이니, '임금은 신하를 섬기는 것을 근본으로 삼는다'는 말이 맞지 않나요? 그리고 요즘은 한 가정에 자녀를 한 명밖에 낳지 않아 부모가 자식을 떠받들 듯 살고 있으니 부위자강父爲子綱이 아니라 자위부강이지요. 게다가 많은 가정에서 남편보다 아내의 힘이 세졌고 애처가나 남성 전업주부들도 흔히 볼 수 있잖아요. 그러니 부위부강이라는 말도 틀린 말은 아니지 않겠어요?'

여학생의 똑 부러지는 대답이 끝나자마자 여기저기서 박수가 터져 나왔고, 모두들 그녀의 임기응변 능력에 감탄했다. 여기서 이 여학생은 삼강의 함의를 절묘하게 변환하여 위기를 모면하는 것은 물론 사람들의 갈채까지 받았다.

이 세상에 완벽한 사람은 없으며 누구나 잘못을 저지를 수 있다. 그중에서도 사람이 가장 흔히 저지르는 잘못은 말실수일 것이다. 말은 한번 잘못 뱉으면 주워 담을 수가 없다. 그럴 때 만약 상황을 수습하지 않고 그냥 내버려 두다가는 남에게 약점을 잡혀 자칫 공격의 대상이 되는 난감한 처지에 놓일지도 모른다. 이럴 때 똑똑한 사람들은 실수를 했어도 끝까지 밀고 나간다. 즉, 착오가 생겼음을 인지했다면 먼저 그 상황을 그대로 받아들이고 침착하고 현명하게 대책을 찾는 것이다. 급하면 아이디어가 떠오르는 법이다. 그런 다음 재치 있고 진일보한 해석으로 잘못된 내용을 올바른 내용이 되도록 마무리한다. 이것이 바로 돌을 건드려 금이 되게 하는 연금술의 지혜로서 이 전략이 의미하는 바다.

이번 장에서 말하는 '실수 수습하기'는 두 가지 각도에서 살펴볼 수 있다. 다른 사람이 실수를 저질러 망신을 당했을 때 적극적으로 나서서 뒷수습을 한다거나 다른 사람이 궁지에 몰렸을 때 그 상황을 모면할 수 있도록 빠져나올 구멍을 마련해주는 경우가 주동적인 방면에서의 수습하기이다. 그리고 자신이 실수를 저질렀을 때 그럴듯한 변명으로 스스로를 구제하는 것이나 안타깝게도 대인관계가 교착상태에 빠졌을 때 분위기에 따라 그때그때 민첩하게 대책을 세워 어색한 상황을 타파하는 것, 다른 사람과 갈등이 빚어졌을 때 상대방의 체면을 구기지 않으면서도 관계를 정상으로 돌려놓고 나아가 나쁜 일을 좋은 일로 전화위복시키는 것 등이 피동적인 의미에서의 수습하기라 할 수 있다.

난감한 상황을 수습하기 위해 어떻게 하면 원만하고도 합당하게 풀어나갈 것인가? 실제로 이 방법은 무궁무진해서 한마디로 설명하기는 어렵다. 자신의 재능과 지혜를 십분 발휘하는 동시에 늘 상대방을 배려하는 마음을 잊지 않는 것은 현명하게 잘못을 수습하는 불이법문不二法門이다. 그 구체적인 방법들은 아래와 같다.

TALKING WISDOM 현장에서 소재를 구하여 즉흥적으로 활용하기

현장에서 소재 구하기는 자신이 속해 있는 그 자리에서 즉각적으로 소재를 발굴하여 대화나 발언에 활용하는 것을 말한다. 연설을 하거나 공연을 하거나 면접을 보거나 사교모임에서 대화를 나눌 때, 현장에서 모두가 공감할 수 있는 소재를 취해 즉흥적으로 활용하면 예상 밖의 효과를 거둘 수 있다.

색다른 해석으로 곤궁에서 벗어나기

어떤 행위가 특정 상황에서는 특정한 의미를 갖는다 하더라도 때에 따라서는 원만한 수습을 위해 다른 의미로 해석할 수도 있다.

고르바초프가 부인 라이사 여사와 함께 미국을 방문했을 때의 일이다. 레이건 대통령의 초청으로 백악관 연회에 참석하러 가던 중 번화가에 이르자 그가 갑자기 차에서 내리더니 행인들과 악수를 하며 인사를 나누는 것이 아닌가. 경호원들은 황급히 차에서 내려 고르바초프를 에워싸고는 몰려든 사람들에게 전부 주머니에서 손을 빼라고 명령했다. 행여 그들의 주머니에 무기라도 있어서 어떤 돌출행동이 일어날지도 몰랐기 때문이다. 그때 뒤에 있던 라이사 여사가 십분 기지를 발휘하여 험악해진 상황을 수습하고자 나섰다. 그녀는 사람들에게 경호원의 의도는 다름 아니라 주머니에서 손을 빼고 남편과 악수를 하라는 것이었다고 말했다. 그러자 분위기가 180도 전환되었고, 사람들은 친근하게 고르바초프에게 다가가 악수를 청하며 인사했다. 라이사 여사의 임기응변 덕분에 당시의 난처한 상황은 부드럽게 전환될 수 있었다.

스스로 몸 낮추기

만일 곤경에서 쉽게 벗어나지 못할 때 그 일이 자신의 부주의로 일어난 경우라면 스스로 해결하는 수밖에 없다.

어느 학교의 동창생들이 20년 만에 만남을 가졌다. 그중 한 남자와 여자가 대화를 나누었는데 두 사람은 어렸을 때 친한 짝이었으므로 대화에 막힘이 없었다. 그런데 여자의 남편이 얼마 전 병으로 세상을 떠났다는 것을 알지 못한 남자가 농담을 하던 중 공교롭게도 그녀의 남편 이야기를 꺼냈다. 다른 동창생이 얼른 말을 가로막았지만 그는 사정도 모르고 더 심한 농담을 하는 게 아닌가. 그를 막으려던 동창생은 어쩔 수 없이 사정을 털어놓았고 그 남자는 난감해서 몸 둘 바를 몰라 했다. 그러나 그는 재빨리 마음을 가다듬은 뒤 스스로 자기 얼굴을 한 대 치고는 자책하며 말했다.

"하여간 내 입이 문제야. 몇십 년이 흘렀는데도 아직까지 학교 다닐 때처럼 통제가 안 돼서 이렇게 허튼소리나 해대니, 내 입은 맞아도 싸!"

여자는 비록 말 못할 괴로움이 있었지만 그가 이렇게까지 자책하는 모습을 보고는 넓은 아량으로 오랜 친구의 무례함을 용서해준 뒤 쓴웃음을 지으며 말했다.

"모르는 건 죄가 아니잖니. 이번엔 이미 지나간 일이니 어쩔 수 없고, 다시는 이 얘기 꺼내지 말자."

자신의 실수로 곤경에 처하게 됐다면 무리하게 실수를 덮으려들지 말고 되도록 많이 자책하라. 자신이 옳다고 우기지 말고 되도록 많이 자조하라. 의기양양하게 거드럭대지 말고 가능한 한 자세를 낮추어라. 그것이 가장 현명한 방법이다. 의도와는 상관없이 다른 사람의 아픈 곳을 건드렸을 경우 일화 속 남자처럼 자책과 자조의 방법을 써서 몸을 낮춘다면 쉽게 곤경에서 벗어날 수 있다.

TALKING WISDOM 바람따라 돛 달기

난처한 지경에 빠졌다면 먼저 사실을 제대로 인정한 다음 현장의 구체적인 분위기를 살펴가며 상황에 맞게 손을 써서 다른 사람들의 주의를 딴 데로 돌리는 것도 하나의 방법이 될 수 있다.

TALKING WISDOM 끝까지 밀고 나가 위기 속에서 해결책 찾기

실수로 그르쳤거나 엉뚱하게 꼬인 일을 바로잡고자 할 때는 깔끔한 뒤처리가 가장 중요하다. 다른 사람들이 느끼기에도 조리 있다고 할 정도로 반박할 거리가 없도록 만들어야지, 억지로 둘러맞추려 하거나 끝까지 가식으로 일관해서는 절대로 안 된다. 그렇게 잔재주를 부리려다가는 결국 일을 더 그르치기만 할 것이다. 잘못한 일에 대해서는 잘못했다고 떳떳하게 인정하는 것이야말로 난감한 상황을 벗어날 수 있는 첫 번째 열쇠다.

갈등을
지혜롭게 중재하라

사람들 사이에 분쟁이 일어나면 중재자 역할을 해야 할 때가 있다. 중재자 역할이 결코 쉬운 것은 아니다. 그러나 지혜롭고 현명한 언행을 갖춘 사람은 갈등을 해소하는 차원을 넘어 양측 모두에게서 인간적인 존중을 받는다.

중재란 사람들 사이에 갈등이나 분쟁이 일어났을 때 제삼자의 신분으로 나서서 대립된 양측의 화해를 유도하는 것을 말한다.

세상에는 가정 내에서의 갈등을 비롯하여 친척이나 친구 사이의 다툼, 동료 간의 언쟁, 이웃 간의 불화, 처음 보는 사람끼리의 분쟁 등등 수많은 갈등이 존재한다. 만일 이러한 갈등이 벌어졌을 때 제때 해결하지 못한다면 당사자들 사이의 관계는 물론 사회의 안정에까지 영향을 미치는 경우도 허다하다. 따라서 우리들 누구나 사람들 사이에 발생하는 분규를 중재하고 갈등을 해소시킬 수 있는 방법을 배워둘 필요가 있다.

TALKING WISDOM 오해 풀어 갈등 해소시키기

때로 분쟁은 오해에서 비롯되기도 한다. 그럴 때는 진실을 밝혀주기만 하면 오해가 풀려 갈등도 저절로 해소될 수 있다.

어느 마을에서 계획생육計劃生育, 중국에서 실시하는 1가구 1자녀 정책을 관리하는 간부 몇 명이 조사를 위해 한 민영약국을 찾았다. 그런데 약국 주인이 조사를 거부하며 크게 난동을 부리는 바람에 수백 명의 사람들이 몰려들었다. 그때 마을의 당서기가 약국으로 달려와 약국 주인을 타일렀다.

"우리 조용히 이야기합시다. 이렇게 큰 소리를 낸다고 일이 해결되는 건 아니지 않습니까. 계획생육 정책이 잘 실시되고 있는지 조사하는 것은 시의 규정이고, 선생께서는 우리가 정책을 잘 펼쳐나갈 수 있도록 조금만 협조해주시면 됩니다. 어려운 점이 있다면 정책을 위반하지 않는 범위 내에서 해결방안을 찾을 수 있도록 저희가 도움을 드리겠습니다."

약국 주인은 그제서야 자신이 간부들이 찾아온 의도를 오해해 실수를 저질렀음을 깨달았다. 그는 곧 노여움을 가라앉히고 협조하겠다는 뜻을 밝힌 뒤 순순히 조사에 응했으며 이로써 분쟁도 원만히 해결되었다.

TALKING WISDOM 상황 반전시키기

어느 날 장씨가 퇴근하고 집에 들어서 보니 아내가 어머니와 한바탕 크게 싸우고 있었다. 장씨의 어머니는 눈물을 흘리며 장씨에게 말했다.

"이게 다 네가 집안에 암호랑이 한 마리를 잘못 들여놓은 탓이다!"

아내도 악을 쓰며 남편에게 말했다.

"어머님이랑 당신은 나만 우습게 알지요!"

시어머니와 며느리는 끝장을 볼 태세였다. 이런 상황에서는 장씨가 싸움을 말리려 한들 아무런 소용이 없을 터였다. 장씨는 어찌해야 할지 고민하다 갑자기 "아이구 배야, 나 죽겠네!" 하고 비명을 질렀다. 그러고는 두 손으로 배를 움켜쥐고 바닥에 쭈그려 앉아 계속 신음했다. 과연 방법이 효과가 있었는지 시어머니와 며느리는 즉각 '내전'을 멈추었다. 아내는 장씨에게 괜찮은지를 물었고, 어머니는 황급히 약상자를 찾으며 병원에 가야 하지 않겠느냐고 물었다. 시간이 지나 그가 거짓 위통이 다 나았다고 말했을 때는 두 사람의 전쟁도 이미 끝난 뒤였다.

TALKING WISDOM 중간에서 사과의 뜻을 전해 화해 유도하기

때로는 갈등의 당사자들도 속으로 화해하고픈 마음이 있지만 적당한 구실을 찾지 못해 갈등상태를 이어가는 경우도 있다. 그럴 때 중재자가 은근슬쩍 한쪽을 대신해 다른 한쪽에게 사과의 뜻을 전하면, 대부분 다른 한쪽도 마음이 움직여 주동적으로 상대에게 사과하게 마련이다. 그런 식으로 양쪽의 화해를 유도할 수 있다.

TALKING WISDOM 진심으로 타이르면서도 적당히 겁 주기

천씨가 아내와 싸우고 집 밖으로 쫓겨났다. 그는 문을 때려 부수고 분풀이를 하고 싶은 마음이 굴뚝같았다. 그때 지나가던 나이 지긋한 경찰이 그에게 말했다.

"이봐요, 당신 기분은 이해해요. 그렇지만 당신은 이 집에 사는 부인의 남편이고, 이건 당신 집이기도 하다는 걸 알아야지요. 그리고 아무리 당신 집이라 해도 당신이 여기서 소란을 피우면 남들이 뭐라고 하겠소. 그리고 또 한 가지, 설이라 다들 편안히 쉬고 있는데 당신이 지금 소란을 피우면 경찰들이 출동해야 하잖소? 그 사람들은 가족이 없겠소? 새해에 가족들과 함께 있고 싶지 않은 사람이 어디 있겠소? 잘 생각해보시오."

경찰의 말은 담담해 보였지만 그 속에서 천씨를 진심으로 이해하고 있음을 느낄 수 있었다. '여기가 당신 집이기도 하다'는 이 짧은 한마디에는 천씨에 대한 깊은 동정과 그의 아내의 옳지 못한 행동에 대한 지적이 담겨 있다. 그러나 동시에 경찰은 자신의 동료를 걱정하는 투로 천씨가 만약 설연휴에 소란을 피우면 그의 동료들이 휴일에 제대로 쉬지도 못할 거라고 말했는데, 이 말은 곧 '법에 어긋날 행동은 삼가라'는 뜻이었다.

연륜 있는 경찰의 말은 천씨의 마음을 돌려놓아 충동적인 행위를 포기하게 함으로써, 법에 저촉되는 행위로부터 분쟁에 휘말릴지도 모를 가능성을 불식시켰다.

TALKING WISDOM 흥분 상태의 행동이 초래할 결과를 미리 지적하기

어느 마을에 이런 일이 있었다. 그 마을에 사는 장씨의 부친이 채소를 팔러 도시에 나갔다가 같은 마을에 사는 사람의 차에 치여 크게 다쳤는데 응급처치에도 불구하고 끝내 숨을 거두고 말았다. 장씨의 어머니는 비통에 잠겼고 슬픔과 분노에 치를 떨던 장씨는 홧김에 부엌에서 칼을 꺼내들고는 운전기사에게 복수를 하겠다며 달려나갔다.

사람들은 그의 눈이 분노로 가득 차 핏발까지 선 것을 보고는 누구도 말리지 못했고, 기사는 놀라서 벌벌 떨기만 했다. 사람의 목숨이 걸린 급박한 순간, 마을의 민사조정위원회 위원이 헐레벌떡 달려와 근엄한 목소리로 호통을 쳤다.

"문제가 있으면 말로 해결해야지. 허튼짓하지 말고 당장 그 칼 내려놔!"

그가 재빨리 장씨의 손목을 붙들자 장씨는 반항하며 앞으로 나가려고 발버둥 쳤다.

"나도 살고 싶지 않아요! 그저 저놈만 죽이면 된다고요!"

조정위원은 큰 소리로 꾸짖으며 말했다.

"아버지가 돌아가셨는데, 이제 자네까지 죽겠다고? 자네마저 죽으면 자네 모친은 어떻게 살아가라고? 게다가 자네 부인은 그 젊은 나이에 과부가 되고, 자네 아들은 아빠 없는 아이가 돼도 상관없단 말인가? 응?"

조정위원은 그에게 가장 무섭고 가슴에 사무칠 만한 말들을 꺼내 엄하게 꾸짖었다. 장씨는 조정위원의 말에 놀라 순간 멍해졌다. 손에 들려 있던 칼이 찰그랑 소리를 내며 땅에 떨어졌고, 장씨는 고개를 떨군 채 통곡하기 시작했다.

조정위원은 그제야 부드러운 말투로 말했다.

"운전기사는 나쁜 사람도 자네 원수도 아니야. 저 사람이 사고를 낸 것도 그저 한순간의 실수였다고. 게다가 자네 아버님은 귀가 어두우셨으니……. 어찌됐든 사고를 어떻게 처리할지의 문제는 정부에 맡겨두게. 이일은 법대로 처리될 걸세. 지금 자네가 해야 할 일은 자네 어머님을 위로해드리고 아버님의 장례를 잘 치러드리는 것이라네."

하마터면 목숨이 위험할 뻔했던 순간이 마침내 진정되었다.

이 사례에서 조정위원은 장씨의 행동이 초래할 수 있는 무섭고 심각한 결과에 대해 설명해줌으로써 장씨가 자신의 무책임한 행동을 멈추도록 자극을 주었다.

다른 사람의 능력을
빌려라

일을 하면서 필요조건이 충족되지 못할 경우 적절하게 타인의 힘을 빌리는 방법이 있다. 이는 원가에 비해 효익이 매우 높은 방식이라고 할 수 있다. 다른 사람에게서 지혜와 자금을 빌리거나 주변의 인맥을 이용하거나 혹은 유명인을 내세우는 등 남의 힘을 빌리면 일은 반으로 줄고 효과는 배로 늘어날 수 있다.

차도살인(借刀殺人, 남의 칼을 빌려 적을 제거한다)계라고도 할 수 있는 이 전략은 어떤 일을 할 때 빌릴 수 있는 모든 역량을 내 것으로 끌어오는 고도의 계책이다. 이는 가장 실용적이고 편리한 방법이기도 하며 배우기만 하면 누구나 쉽게 숙달할 수 있다.

TALKING WISDOM 재력과 물력 끌어오기

미국의 억만장자 다니엘 로벨로는 나이 마흔이 가까울 때까지도 무척 가난했고 성공할 기미조차 보이지 않았었다. 수십 년간 아무런 성공도 이루지 못하고 하루하루를 보내던 로벨로는 어느 날 별안간 한 가지 큰 깨달음을 얻었다. 다른 사람의 돈으로 돈을 벌 방법이 생각난 것이다. 그 구체적인 방법은 이랬다. 먼저 은행에 찾아가서 대출을 받은 다음 그 돈으로 평범하고 낡은 화물선 한 척을 샀다. 그러고 나서 그것을 유조선으로 개조하여 다른 사람에게 빌려주었다. 그런 다음 다시 이 유조선을 담보로 은행에서 또다시 대출을 받은 뒤 그 대출금으로 화물선 한 대를 더 사서는 처음과 마찬가지로 유조선으로 개조하여 세를 주었다. 그렇게 몇 년이 지났다. 로벨로는 끊임없이 대출을 받고 배를 사고 임대하는 과정을 반복했다. 그의 사업은 날로 성장해갔다. 그가 한 회 대출금을 청산할 때마다 배 한 척이 정정당당한 그의 사유재산이 되었고, 배를 대여해서 얻은 수입도 그의 주머니 속으로 들어왔다.

그 후 '돈을 빌려 돈을 버는' 로벨로의 수단은 새로운 단계로 올라 거의 최고봉의 경지에 이르렀다. 그는 먼저 사람들을 모아 배 한 척을 설계하고 만들기 시작했다. 선박에 용골배의 중심선을 따라 선체를 받치는 길고 큰 목재도 놓기 전에 그는 한 운수회사를 찾아가 아직 뼈대도 제대로 갖추지 않은 배에 대해 미리 차용계약을 하도록 종용했다. 로벨로는 또 회사와 그가 체결한 용선傭船, 삯을 주고 배를 이용하는 일계약서를 가지고 미래의 임대료 수입을 담보로 은행융자를 받은 다음 그 돈으로 배의 건조를 완수했다. 그로부터 몇 년이 지나 대출금을 원금과 이자까지 전부 상환하고 나자 그 배는 온전히 로벨로의 것이 되었다. 이렇게 해서 로벨로는 돈 한 푼 들이지 않고 선박 한 척의 주인이 될 수 있었다. 이후 로벨로는 세계에서 가장 많이 개인 선박들을 소유하였을 뿐 아니라 그 외에도 수많은 호텔과 빌딩을 비롯하여 철강, 탄광, 석유화학 등 많은 계열의 기업을 거느리게 되었다.

아무것도 가진 것 없이 대업을 이루고 싶다면 머리를 써서 타인의 역량을 나에게 끌어와야 한다. 이 방법은 남의 닭을 빌려 달걀을 낳게 한다는

'차계생단借鷄生蛋', 남의 배를 빌려 바다로 나간다는 '차선출해借船出海'와도 같은 의미로서, 이것이 바로 동서고금을 막론하여 맨손으로 사업을 일군 사람들의 최고의 경영비법이기도 하다.

TALKING WISDOM 유명인 효과 노리기

런던의 한 보석상에서 손님이 뜸해 장사가 잘 되지 않자 어려운 상황을 타개하고자 묘안을 냈다. 영국인들이 다이애나 왕세자비를 흠모하는 심리를 이용해 보석상을 찾아오는 손님들에게 이렇게 소개한 것이다.

"이 물건은 다이애나 왕세자비가 구입한 목걸입니다. 손님께도 아주 잘 어울리실 것 같은데요."

누군가를 좋아하면 그 사람과 관계된 것들이 다 좋아 보이는 법, 다이애나비를 추종하는 사람들은 다이애나비가 착용했다는 그 목걸이를 사러 앞 다투어 보석상을 찾았다. 보석상 주인은 절로 만면에 희색이 돌았다. 그는 가게를 찾은 부인들과 아가씨들에게 다이애나비가 마음에 쏙 들어 하며 구입해갔다는 목걸이를 미소 띤 얼굴로 친절하게 소개해주었다. 유행에 민감한 여성들이 순식간에 꼬리에 꼬리를 물고 몰려들어 보석상은 어느새 문전성시를 이루었고, 주인은 덕분에 큰돈을 벌어 불과 며칠 동안의 매출액이 개점 이래 총 매출액을 훌쩍 넘어설 수 있었다.

TALKING WISDOM 다른 이야기 인용하기

장다첸張大千, 중국 현대 수묵화의 거장은 수염을 길게 기르는 것을 좋아했는데 자신이 아끼는 수염이 사람들에게 화젯거리가 되는 것만은 원치 않았다. 그러던 어느 날, 그가 친구들과 차를 마시며 담소를 나누는데 모두가 그의 수염을 가지고 농담을 하며 놀려댔다.

장다첸은 아무 말 없이 묵묵히 듣고 있다가 다들 잠잠해지고 나자 차분히 수염에 관한 이야기를 시작했다.

삼국시대, 관우關羽의 아들 관흥關興과 장비의 아들 장포張苞가 선봉을 차지하려고 다툼을 벌였는데 둘 중 어느 한쪽도 물러날 기미를 보이지 않았다. 유비는 어쩔 도리가 없어 문제를 내서 가리기로 했다.

"너희 둘 모두 각자 부친이 생전에 세운 공적을 말해보거라. 둘 중에 더 많이 이야기하는 사람에게 선봉을 맡기겠다."

장포가 생각하지도 않고 먼저 거침없이 말했다.

"저희 아버님께서는 일찍이 장판교에서 위군을 물리치셨고, 호뢰관전투에서 여포를 이기는 데 공을 세우셨으며, 마초와의 야간전투에서 승리하셨습니다. 또한 오만한 독우督郵, 관직 이름가 권세를 부리자 관아 앞 말뚝에 묶어 매질하신 일이나 생포한 엄안嚴顔을 넓은 아량으로 풀어주어 결국 그를 귀순케 한 일도 유명하지요."

관흥이 말할 차례가 되었는데, 그는 다급한 마음에 말까지 더듬더니 한참 만에 겨우 한마디를 했다.

"제 아버님께서는…… 긴 수염을 가지셨습니다."

그러고는 더이상 말을 이어나가지 못했다.

그때 구름을 타고 관공關公의 혼령이 나타나 아들을 큰 소리로 꾸짖으며 말했다.

"이런 불효자식 같으니라고. 아비가 생전에 다섯 관문을 넘으며 여섯

장수의 목을 벤 일은 말하지도 못하고, 네 놈은 겨우 아비의 수염만 기억하느냐'

장다첸의 이야기에 그 자리에 있던 사람들이 모두 크게 웃었다.

여기서 장다첸은 수염에 관한 재미난 이야기를 인용함으로써 뭇사람에게 놀림의 대상이 되었던 곤경에서 벗어났고, 나아가 화기애애한 분위기를 망치지 않으면서 친구들의 조롱에 반격하는 동시에 조금이나마 마음속에 담고 있던 불쾌함까지 털어낼 수 있었다.

여러 사람의 위세를 빌려 힘 보태기

만약 강경한 상대를 만났는데 자신의 힘만으로는 상대를 이길 수 없을 것 같다면 어떻게 해야 할까. 그럴 때는 주위 사람의 위세를 빌린다면 상대를 압도할 수 있고 근심과 어려움도 해소할 수 있다.

어느 날, 왕씨 성을 가진 한 아가씨가 유유히 광저우 거리를 거니는데 어떤 상인이 우렁찬 목소리로 그럭저럭 괜찮아 보이는 가죽조끼를 팔고 있었다. 왕양은 자연스레 발길을 멈추고 물건을 구경했다. 상인은 친절하게 다가와 물건을 건네며 말했다.

"아가씨, 이거 진짜 가죽이에요. 입어보면 마음에 쏙 들 거요."

왕양이 자세히 들여다보니 진짜 가죽이 아닌 것 같았다. 그래서 물건을 돌려주려 하자 상인은 자꾸만 입어보라며 권했다.

"안 사도 좋으니까 맞는지나 한번 입어봐요."

상대방이 너무나 친절하게 나오자 왕양은 조끼를 입어보았고 얼떨결에 가격을 물었다.

"얼마예요?"

"원래 사백 위안인데, 아가씨가 사면 삼백오십 위안에 주지."

"진짜 가죽도 아닌데 왜 이렇게 비싸요?"

그러자 상인의 안색이 돌변했다.

"아니, 이 아가씨 말 함부로 하네. 여기가 조명이 안 좋아서 그렇지, 집에 가져가서 보면 제대로 알 거라니까."

왕양은 조끼를 벗으며 말했다.

"눈속임하려고 하지 마세요."

"그럼 얼마에 줄까?"

"진짜 가죽도 아니잖아요, 안 살래요."

"입어보기까지 하고서 안 산다고 하면 어떻게 해? 오늘은 아직 마수걸이도 못 했는데 재수 옴 붙게 생겼네! 딴말할 것 없고, 어쨌든 이거 아가씨가 사 가요!"

상인이 버럭 화를 내자 왕양도 더이상 참지 못하고 따졌다.

"내가 왜 이걸 사야 되는데요?"

"그럼, 안 살 거면서 왜 입어봤어?"

"아저씨가 자꾸 입어보라고 하셨잖아요?"

"그건 아가씨더러 사라고 그런 거지, 도대체 왜 안 사는 건데?"

"입어보는 거랑 사는 거랑은 별개죠. 입어봤다고 무조건 사야 하나요? 입어봤다고 반드시 사야 된다면 무서워서 입어보지도 못하게요?"

상인은 끝까지 억지를 부렸다.

"그럼 사지도 않을 거면서 가격은 왜 물어봤어?"

왕양이 말했다.

"가격을 물어보는 게 꼭 산다는 뜻은 아니잖아요. 제가 왜 물었냐면요, 아저씨가 이런 가짜 물건을 가지고 손님들한테 도대체 얼마나 속여 파는 지 궁금해서 물어본 것뿐이라고요."

상인은 또 소리를 질렀다.

"허! 오늘 당신이 아주 나를 가르치려드네. 내가 한 가지 말해줄까? 아 가씨는 이 조끼, 사기 싫어도 사야 돼!"

왕양은 이 사람이 보통내기가 아님을 깨달았다. 거기다 자신은 연약하 고 어린 여자이기 때문에 혼자 상대했다가는 당해내지 못할 게 분명했다. 그녀는 주변에 사람들이 점차 많아지는 걸 보고 아이디어가 떠올랐다. 바 로 뭇사람을 끌어들여 자신에게 힘을 보태는 것이었다. 그래서 왕양은 갑 자기 목소리를 몇 배로 높여가며 말했다.

"아저씨! 사람들이 이렇게 많은 데서 저한테 사기 치시려는 거예요, 지 금? 아저씨는 법도 무섭지 않나보죠?"

왕양은 모여든 사람들을 향해 자초지종을 설명한 뒤 기대감에 찬 목소 리로 말했다.

"여러분은 공정하실 거라고 믿어요. 누가 옳고 누가 그른지 여러분께서 판단해주세요."

"이건 파는 사람하고 사는 사람 간의 문제니, 당신들은 남의 일에 상관 하지 마쇼."

상인이 험상궂게 말하자 왕양은 야유하듯 웃으며 말했다.

"함께 사는 세상인데, 부당한 일을 봤으면 서로 힘을 모아 도와야지요. 이렇게 우악스럽게 자기 고집만 부리고 다른 사람은 말도 못하게 하니 정 말 아저씨는 다른 사람들을 하찮게 보시는군요."

그 말이 군중들의 화를 부추겼다. 한 중년 남성이 먼저 입을 열었다.

"매매라는 게 사고파는 사람들이 원해야 이뤄지는 거 아닙니까? 그게 매매의 기본인데 왜 손님한테 당신 물건을 사라고 강요하는 겁니까?"

그러자 중년 부인이 옆에서 거들었다.

"장사를 하려면 상도를 지켜야죠. 물건을 입어보면 마음에 들 수도 있고 안 들 수도 있는 건데, 입어봤다고 사야 하고 또 가격 물어봤다고 사야 한다니, 세상에 그렇게 장사하는 사람이 어디 있어요?"

노인도 한마디했다.

"젊은이, 옛말에 화목한 가운데 재물이 생긴다고 했네. 이렇게 손님하고 말다툼을 하면서 소란스럽게 장사를 하면 누가 와서 물건을 사겠나!"

이렇게 여러 사람들이 제각각 한마디씩 하자 상인은 바람 빠진 축구공처럼 기가 죽어서는 왕양의 손에서 조끼를 빼앗아 울상을 지으며 슬그머니 그 자리를 떴다.

왕양은 주변 정황을 잘 포착한 덕에 여러 사람의 도움을 받아 기세를 올림으로써 결국 상인을 이길 수 있었다.

무너지는 담도 뭇사람이 달려들면 막을 수 있다는 말이 있다. 그 말은 곧 군중의 힘이 가장 큰 것이며 여러 사람들의 입이 모이면 쇠도 녹인다는 뜻이다. 이를 얼마나 잘 이용할 수 있느냐는 당신의 몫이다.

적당한 명분을
만들어라

무슨 일을 하든 적당한 명분이 따라야 한다. 다른 사람들이 알아듣고 인정할 만한 논리가 있어야 하고, 때로는 변명으로 삼을 구실이 필요하다. 일을 할 때 자신의 언행에 정당성을 부여할 수 있는 합리적인 명분이 있다면 일은 훨씬 수월하게 진행될 것이다.

어느 날, 한 보험판매원이 친구가 그려준 약도를 보면서 어느 작가의 집에 찾아갔다. 작가와 인사를 나눈 뒤 판매원은 서류가방에서 그 작가의 신작을 꺼내며 말했다.

"제 상사이신 조 과장님께서 선생님을 무척 존경하는데, 저더러 선생님을 찾아뵙거든 꼭 책에 사인을 받아달라고 당부하셨습니다."

작가는 기쁜 마음으로 책에 사인을 해주었고, 그러다보니 어느새 그가 추천한 보험상품에도 가입하게 되었다.

사실 이 사람이 자신의 상사가 작가를 존경한다고 한 말은 그저 핑계에 불과했다. 그가 그런 말을 한 진짜 목적은 작가를 치켜세워줌으로써 경계심을 풀기 위한 것이었다. 이런 식의 칭찬은 '내가 당신을 존경한다'는 말보다 훨씬 받아들여지기 쉽다. 만일 조 과장의 말을 빌리지 않았다면 칭찬하는 말이 그저 아첨하는 것으로만 느껴졌을 수도 있다. 이 방법의 가장 큰 장점은 만일 상대방이 그런 칭찬을 거부한다 해도 그 화살은 전부 조 과장에게 돌아갈 것이기 때문에, 체면이 구겨지는 것은 제삼자의 일, 본인과는 무관하다는 데 있다.

무슨 일을 하든 언제나 명분이 따라야 한다. 다른 사람들이 알아듣고 인정할 만한 논리가 있어야 하고, 때로는 변명으로 삼을 구실 또한 필요하다. 일을 할 때 자신의 언행에 정당성을 부여할 만한 합리적인 구실이 있다면 일은 훨씬 수월하게 진행될 것이다.

TALKING WISDOM 구실이 있으면 절로 떳떳해진다

어떤 사람이 난생처음 다른 나라로 여행을 갔다가 도둑질을 하려던 자와 시비가 붙었다. 그는 음식점에서 식사를 하던 중 잠시 자리를 비웠다가 돌아왔는데, 때마침 그가 자신이 의자 위에 걸어놓은 상의 주머니에서 지갑을 꺼내 돈을 훔치려는 것이 아닌가. 그래서 그 사람에게 잘못을 따지자 그는 지갑을 대신 닦아주려던 거였다고 끝까지 잡아떼며 도둑질을 인정하지 않았다.

도둑은 현장에서 잘못이 들통 났으니 변명의 여지조차도 없는 것이 당연하다. 그러나 도둑은 오히려 나름대로 그럴듯한 이유와 논리를 대며 조금도 거리낌 없는 태도를 보였다. 그의 범죄를 증명할 명쾌한 방법도 딱히 없었기에 사건을 쉽게 해결할 수 없었던 것이다.

물론, 이러한 이야기를 소개한 것이 독자들에게 잘못을 인정하지 않는 태도를 가지라거나 흑백이 전도된 행위를 배우라고 부추기려는 것은 아니다. 다만 적어도 도둑이 불리한 환경에서도 침착함과 기지를 잃지 않았음을 눈여겨볼 만하다고 말하고 싶다. 또 한 가지, 일단 잘못을 인정하고 나면 그 뒤로는 불리한 처지를 뒤집을 가능성이 희박하며 상대방에 의해 계속 발목이 잡힐 수밖에 없다.

TALKING WISDOM 다른 사람의 입을 빌려라

다른 사람의 입을 빌려 자신의 말을 하는 것은 핑계를 댈 때 중요하게 쓰이는 방법 중 하나다. 난감한 상황에 놓였을 때 "누구누구가 그러는데" 라는 식으로 말문을 열면 거북한 상황을 모면할 수 있다. 또한 위험부담이 따르는 말은 다른 사람을 통해 전하면 진퇴의 여지를 확보할 수 있다. 그리고 상대방과 직접 대면하고 싶지 않거나 그러기가 쉽지 않을 때도 제삼자를 개입시키면, 바늘에 실을 꿰듯 중간에서 쌍방이 관계를 맺도록 도와주거나 양측의 갈등을 풀어주는 역할을 한다.

과거에는 '중매쟁이'라고 불리는 사람들이 전문적으로 혼인이라는 목적을 갖고 남녀 사이에 다리를 놓아주는 역할을 했다. 당시에는 남녀가 유별했기 때문에 혼인 전에는 연애나 데이트도 할 수 없었고, 따라서 요구사항이나 바람이 있으면 전부 중매쟁이를 통해 전했으니 그들의 일이 얼마나 어려웠을지 짐작할 수 있다. 웬만한 말솜씨가 아니고서는 말투와 얼굴빛만으로 상대방의 속내를 파악할 수 없었을 것이고, 뛰어난 사교능력 없이는 양쪽을 오가며 사람 상대하는 일을 감당하기 힘들었을 것이다.

만일 다른 사람의 도움이 필요할 때 과거 중매쟁이 같은 인재를 찾을 수 있다면 최선을 다해 중간에서 다리를 놓아주고 정보를 전달할 테니,

그보다 더 좋을 수는 없을 것이다.

TALKING WISDOM 명분이 있어야 말도 이치가 맞는다

광고계에서 일하는 사람들은 하나같이 명분과 구실 찾기의 고수들이다. 인스턴트커피가 처음 미국에 출시되었을 때 이런 일이 있었다. 커피회사에서는 원래 인스턴트커피의 간편함 때문에 주부들에게 큰 호응을 얻으리라 기대했었다. 그러나 예상과는 반대로 판매실적은 극히 저조했다. 맛이 문제가 아니라 광고에서 내세운 간편함이 오히려 노력이나 정성이 부족해 보인다는 인상을 강하게 심어주었기 때문이다. 미국에서는 그때까지만 해도 커피는 반드시 집에서 원두를 가는 것부터 시작해 직접 만들어 마셔야 한다는 생각이 지배적이었다. 그러니 뜨거운 물만 부으면 커피 한 잔이 만들어진다는 것은 아무리 보아도 성의부족으로 느껴질 수밖에 없었다.

그래서 광고업자들은 '간단함'이나 '편리함'이라는 정면적이고 직접적인 선전문구 대신 '절약된 시간을 효율적으로 사용할 수 있다'는 광고전략을 강조하기 시작했다. "커피 타는 시간을 줄이고, 그 시간을 남편과 아이들과 함께 보내세요"라는 식으로 말이다.

이런 이미지 변화 전략은 주된 소비층인 주부들을 '편리한 물건에 우르르 몰려든다'는 가책에서 벗어나게 해주었다. 왜냐하면 광고문구 덕분에 그들은 '즉석식품을 사용하는 건 결코 내가 편하기 위해서가 아니라 남는 시간을 조금이라도 더 가족들을 위하는 일에 쓰고 싶어서'라는 명분을 갖게 되었기 때문이다. 그리하여 인스턴트커피의 판매량은 해마다 빠르게 증가했고, 판매부진을 걱정하던 회사의 고민도 사라졌다.

절대다수의 사람들이 일을 할 때 명분을 중요시하며, 누군가에게 일을 부탁할 때도 명분만 만들어주면 그 사람은 스스로를 속이고 눈 가리고 아웅하는 일이라도 기꺼이 한다. 특히 그 일이 자신에게 이익이 될 때는 말할 것도 없다. 이는 어쩌면 모든 사람들이 가진 공통된 심리인지도 모른다. 사람들의 이러한 심리를 이용하여 미리 좋은 구실까지 마련해놓으면 상대방은 부탁을 거절하기가 힘들다. 예를 들어 선물을 줄 때 먼저 이렇게 말하는 것이다.

"평소 저에게 너무나 많은 관심을 가져주시니 그 고마움을 어떻게 갚아야 할지 모르겠습니다. 이건 제 작은 성의니 받아주시지요."

그러면 상대방은 구실이 있기 때문에 거리낌 없이 선물을 받을 것이다.

TALKING WISDOM 상대가 먼저 입을 열도록 유도하라

왕씨는 친한 친구인 조씨의 인맥을 이용해 사업을 벌일 준비를 했다. 그런데 그가 큰돈을 조씨에게 건네 준 다음 날, 조씨가 갑작스런 병으로 사망하고 말았다. 왕씨는 무척 곤란한 지경에 처했다. 만일 돈을 달라고 추궁하면 슬픔에 빠져 있는 조씨의 가족들에게 미안할 것이고, 그렇다고 그냥 넘어갈 수도 없는 어려운 상황이었다. 그러나 왕씨는 곧 묘안을 찾았다. 장례가 끝난 후 왕씨는 조씨의 부인을 찾아가 말했다.

"조형이 이렇게 빨리 갈 줄은 정말 꿈에도 몰랐습니다. 아, 우리 동업이 이제 막 시작됐는데……. 부인, 이렇게 하는 건 어떨까요? 조형이 알고 지내던 사업 파트너들을 부인께서도 알고 계시니 부인이 나서서 이 사업을 계속 진행시키는 것 말입니다. 발 벗고 나설 일이 있으면 뭐든지 말씀만 하세요. 아무리 힘든 일이라도 제가 돕겠습니다."

왕씨는 겉으로 보기에는 돈을 돌려받을 의사가 전혀 없는 것처럼 보였고, 오히려 의리 있는 모습을 보여 부인을 감동시켰지만 사실 그는 조씨의 아내에게 그럴만한 능력도 생각도 없다는 것을 알고 있었다. 왕씨의 말은 돈을 돌려받기 위한 핑계일 뿐이었다. 결과는 역시 왕씨의 의도대로였다. 조씨의 미망인은 오히려 왕씨를 위로하며 말했다.

"일이 이렇게 되는 바람에 사업에 손해가 크셨겠어요. 저는 사업을 이어갈 만한 능력이 안 되니, 왕 선생님이 돈을 가져가셔서 다른 기회를 찾아보시는 게 어떨까요?"

먼저 말을 꺼내기 어렵다면 핑계를 만들어 상대방이 먼저 자연스럽게 입을 열도록 유도하는 것이 최고의 책략이다.

멋지게
물러서라

전진과 후퇴의 원칙은 누구나 잘 알고 있을 것이다. 나아가야 할 때는 나아가되 물러서야 할 때는 물러설 줄 알아야 한다. 여기서 물러선다는 의미는 패배가 아닌 '이보전진을 위한 일보후퇴'이다. 이는 상대방의 칼끝을 피하는 전략으로, 또 하나의 유효한 처세의 철학이다.

영국 유니레버사의 사장 콜은 기업을 경영하면서 한 가지 기본신조를 가지고 있었다. 그것은 곧 '체면에 연연해하지 말고 상호이익을 전제조건으로 삼으라'는 것이었다. 이 신조에 따라 그는 기업경영에서나 사업협상에 임할 때 늘 한발 양보하는 전략을 채택했다. 상황에 따라 기꺼이 타협하여 물러남으로써 자기발전의 기회로 삼았고, 그 결과 한 걸음 물러선 것이 결국에는 두 걸음 앞서는 계기가 되어 실제로는 이익이 되었다.

유니레버사는 아프리카 동해안에 일찍이 대규모 자회사인 유나이티드 아프리카United Africa Company를 설립했는데, 그곳은 비료가 풍부해 식용유용 땅콩의 재배에 적합했다. 따라서 회사 입장에서는 보물과도 같은 땅이었다. 그러나 제2차 세계대전이 끝나자 아프리카 민족의 독립운동이 날로 고조되었고, 아프리카 독립국가는 유니레버사의 비옥한 땅콩재배

168

지를 모조리 몰수했다. 이에 회사는 극심한 위기에 직면했고, 이러한 위기상황에서 콜은 아프리카 자회사에 여섯 가지 명령을 내렸는데 다음과 같다. 첫째, 아프리카 각지에 있는 유나이티드 자회사의 경영진을 신속히 아프리카 현지인으로 교체한다. 둘째, 흑인과 백인의 임금격차를 해소하고 동등한 보수를 지급한다. 셋째, 나이지리아에 경영간부 양성소를 설립하여 아프리카 현지인 간부를 양성한다. 넷째, 상호이익을 얻을 수 있는 정책을 채택한다. 다섯째, 점진적으로 생존방법을 모색한다. 여섯째, 체면에 연연해하지 말고 최대이익을 창조하는 것을 우선으로 삼는다.

콜은 가나 정부와의 교섭 중 상대의 이익을 존중한다는 의사 표시를 분명히 함과 동시에 주동적으로 자사의 재배지를 정부에 제공하기로 하여 가나 정부의 호감을 얻었다. 그 후 가나 정부는 그에 대한 보답으로 유니레버사를 가나 정부 식용유 원료매매의 대리회사로 지정했고, 이로써 콜은 가나에서 독점권을 갖게 되었다. 또한 가나 정부와의 교섭에서는 스스로 현지에서 회사를 철수시키겠다고 밝혔는데, 그의 이런 솔직하고 정직한 태도가 오히려 가나 정부를 감동시켜 회사가 가나에 계속 남아 있도록 허가받을 수 있었다. 기타 몇 개국과의 교섭에서도 마찬가지로 양보정책을 펼쳤고, 그 결과 유니레버사는 난관을 무사히 이겨낼 수 있었다.

비즈니스 현장에서, 필요한 양보는 더 큰 이익으로 교환될 수 있다. 한 치의 양보 없이 기세등등하게 남을 몰아세우기만 하면 오히려 당신이 막다른 골목으로 몰려날 수 있다. 타협하고 양보하는 것은 그 자체가 목적이 아니라 한발 물러나 주시하면서 침착하게 호기를 기다리며 묘안을 모색하기 위함이기에, 자신에게도 득이 된다. 왜냐하면 주도적인 후퇴는 더 큰 이익으로 돌아올 수 있기 때문이다. 경영이 불리해진 상황에서 맹목적으로 상대방을 이기려 해서는 절대로 안 된다. 먼저 잠시 제자리에 멈춰서서 기회를 기다렸다가 적절한 때 다시 경쟁해야 패배를 승리로 전환시킬 수 있다.

대인관계에서도, 일시적인 손해를 참으면 장기적인 이익을 얻을 수 있다. '두 호랑이가 싸우면 반드시 하나는 다친다'는 옛 교훈을 잊지 말고, 불난 데 기름을 부어 '빈대 잡으려다 초가삼간을 다 태우는' 비극은 겪지 말아야 한다. 한발 양보한다고 해서 패배를 인정하는 것은 아니다. 만일 내가 우세를 점한 상황임에도 상대에게 양보하는 모습을 보인다면 사람들은 내가 옳다고 인정할 것이며, 사람들에게 아량이 넓은 인물로 각인되어 신망을 얻게 될 것이다.

TALKING WISDOM 물러서는 척 나아가기

양보 중에는 겉으로는 뒤로 물러나는 것처럼 보이지만 실제로는 남모르게 한발 더 앞으로 나가는 방법도 있다.

세계적인 코미디언 밥 호프가 공연 중에 이런 말을 했다.

"내가 묵고 있는 호텔은 방이 너무 비좁아서 거기 있는 쥐들조차 등이 다 굽았지 뭡니까."

호텔 사장은 이 사실을 알고 몹시 화를 내며 그가 호텔의 명예를 훼손했다며 그를 고소하려 했다. 이때 호프는 기발한 방법으로 자신의 의견은 고수하면서 불필요한 번거로움을 피했다. 그는 텔레비전 방송을 통해 성명을 발표하여 상대에게 유감의 뜻을 전했다.

"얼마 전 제가 묵던 호텔방의 쥐들이 모두 등이 굽았다는 말을 한 적이 있었는데 이는 잘못된 발언이었습니다. 이를 정중히 바로잡고자 합니다. 그곳의 쥐들은 단 한 마리도 등이 곱지 않았습니다."

호텔방에 있는 쥐들조차 등이 다 곱았다는 말은 호텔방이 협소하다는 뜻을 강조한 말이었다. 또한 그곳의 쥐들은 단 한 마리도 등이 곱지 않았다고 한 말은 비록 호텔이 비좁다는 뜻은 부정했을지 몰라도 호텔 안에는 쥐가 있으며, 그것도 아주 많다는 뜻만은 굽히지 않은 셈이 되었다. 그의 사과는 겉으로는 잘못을 정정한 것처럼 보이지만 실은 호텔의 위생상태를 비난한 것이다. 이로써 원래의 주장도 고수했을 뿐 아니라 상대에 대한 풍자도 그 수위를 높일 수 있었다.

TALKING WISDOM 오해로 인한 불만에 대해 해명하고 위로하기

사람들 사이에는 서로 얼굴을 붉히는 일이 흔히 일어난다. 이는 상당수가 오해나 소통의 부재에서 비롯된 것이다. 이때 자신에게 잘못이 없다고 해서 오해로 인한 상대방의 원망에 대해 덩달아 화를 내서는 절대 안 된다. 가장 좋은 대처방식은 상대방이 이해할 수 있도록 더욱 자세히 해명하면서 소통할 수 있는 경로를 찾거나 사과하고 위로할 방법을 모색하여 상호양해를 구하고 공통된 인식을 갖는 것이다.

TALKING WISDOM 똑같이 잘못을 인정하기

주위를 보면 유난히 자기 의견만을 고집하거나 사소한 일로도 남들과 논쟁하기를 좋아하는, 마치 화약고와 같은 사람들이 꼭 있다. 그런 사람을 대할 때는 남을 포용할 줄 아는 아량을 가지고 상대방이 알아듣도록 설명하면서 절충과 타협을 시도하는 것이 중요하다. 가장 좋은 방법은 상대를 자극하지 않는 범위에서 '너도 나쁘고 나도 나쁘다'는 식의 양비론이나 황희정승식 양시론을 쓰는 것인데 이 방식들은 충돌이 더욱 확대되는 사태를 막을 수 있다.

한 남자가 처가에 가서 장인어른과 식사를 하게 되었다. 장인과 사위는 식사를 하면서 고속도로 건설문제에 대한 이야기를 나누었다. 사위가 "고속도로 공사가 진척되지 못하고 자꾸만 지연되는 건 관계기관의 중대한 잘못이에요"라고 강조하자, 장인은 이에 동의하지 않고 고속도로는 애초에 건설되어서는 안 되는 것이었다고 주장했다. 두 사람은 서로 자기 주장을 펼쳤고, 논쟁은 갈수록 격화되었다. 그러다 장인이 문제를 '젊은 사람이 이기심만 많고 환경문제에 대한 의식이 너무 없다'는 식으로까지 끌어들였는데 이는 대놓고 사위를 비판하는 것이었다. 사위는 논쟁 때문에 식사 분위기를 망칠까봐 흥분을 가라앉히고 완곡한 어조로 말했다.

"어쩌면 장인어른과 제 생각이 영영 일치하지 않을지도 모르겠네요. 그렇지만 아무려면 어떻습니까. 두 사람 다 맞을 수도 있고 틀릴 수도 있는 것이지요. 그건 아무도 모르는 일이잖아요."

사위의 말은 스스로 난처함에서 벗어날 구멍을 마련하는 동시에 논쟁을 원만히 수습시켰다. 두 사람의 논쟁이 계속되었다면 아마도 갈등이 더 커졌을 테고 서로 감정만 상했을지도 모른다. 만일 사위가 계속해서 감정적으로 논쟁을 이어갔다면 그 결과가 어떻게 됐겠는가. 아마도 장인의 화를 돋워 한차례 호된 질책을 받아야 했을 것이다.

TALKING WISDOM 관용과 자책을 병용하기

논리나 근거도 없이 억지를 부리는 사람에 대해 똑같이 강하게 밀고 나가다가는 되레 자기가 더 크게 당하는 경우가 있다. 그럴 때 분쟁을 잠재우려면 비록 자기가 옳다 하더라도 주동적으로 자책하는 방식을 취해 상대의 비논리에 대응하고, 부드러움으로 강경함을 누르는 방법만 한 것이 없다.

어느 상점의 영업사원이 전기밥솥을 교환하려는 중년의 남자 손님과 대면했다. 이미 사용한 밥솥을 들고 온 손님은 거칠고 무례한 말투로 그에게 말했다.

"내가 이걸 쓴 지 한 달밖에 안 됐는데 고장이 났단 말이오! 어떻게 물건을 이따위로 만들 수 있어? 좋은 말로 할 때 새걸로 바꿔주시오!"

영업사원은 인내심을 가지고 손님에게 설명했지만 그는 오히려 더욱 언성을 높이며 욕도 서슴지 않았다.

"고객이 여기까지 가지고 왔으면 물러줄 것이지, 한번 팔면 끝이라는 건가? 이런 날도둑 같으니라고!"

영업사원은 비록 논리적으로는 유리한 위치를 점하고 있었지만 언쟁이 계속되는 것을 원치 않았기에 손님에게 부드럽게 말했다.

"이 밥솥은 손님께서 이미 일정기간 동안 사용하셨고 또 품질에도 문제가 없기 때문에 규정상 환불해드릴 수 없지만, 손님께서 반품을 계속 고집하시는 데는 아무래도 제 잘못이 큰 것 같으니 아예 저에게 파시는 건 어떻겠습니까?"

그가 지갑에서 돈을 꺼내자 줄곧 거칠게 나왔던 손님은 얼굴이 빨개져서는 언쟁을 멈추고 순순히 물러났다. 관용과 자책을 이용한 영업사원의 방법이 효과를 발한 것이다. 그는 사건을 자신의 잘못으로 돌려 상대방의 억지와 저열함에 역설적으로 대응함으로써 사태가 더이상 확대되지 않도록 막을 수 있었다.

상황에 따라 자신을 깎아내리기

허먼은 미국의 유명 제련공으로, 예일 대학을 졸업하고 독일의 프라이부르크 대학에서 석사학위를 받았다. 그러나 그가 학위증명서를 가지고 미국 서부의 대형 광산 소유주인 허스트를 찾아갔을 때 그의 학위는 오히려 걸림돌이 되었다. 그 광산주는 성질이 괴팍하고 고집이 센 데다 자신의 학력이 낮기 때문에 학력이 높은 사람을 신뢰하지 않았고, 더군다나 안팎으로 모든 걸 고루 갖추고 이론만 들먹이기 좋아하는 엔지니어들을 좋아하지 않았다. 면접을 보는 자리에서 허먼은 사장이 분명 만족할 것이라 잔뜩 기대하며 졸업장을 내밀었지만, 예상과는 달리 허스트는 매우 무례했다.

"내가 자네를 고용하고 싶지 않은 이유는 바로 자네가 프라이부르크 대학의 석사이기 때문일세. 자네 머릿속에는 온통 쓸모없는 이론으로만 가득 차 있겠지. 나는 어려운 문자나 쓰며 고상한 척하는 엔지니어는 필요 없다네."

그러나 현명한 허먼은 화를 내지 않고 침착하게 대답했다.

"만일 사장님께서 제 아버지에게 말씀드리지 않는다고 약속해주신다면 한 가지 비밀을 알려드리죠."

허스트가 그러겠다고 하자, 허먼은 조용히 말했다.

"사실 저는 프라이부르크에 있을 때 뭘 배웠는지도 모르겠습니다. 독일에서의 삼 년은 어영부영 되는대로 보낸 거나 다름없어요."

그 말에 허스트는 큰 소리로 웃으며 말했다.

"좋네, 그럼 내일부터 당장 출근하게."

허먼은 자신의 학력을 폄하하는 전략을 써서 완고한 사장과의 면접을 거뜬히 통과할 수 있었다. 즉, 처음은 양보로 시작했지만 끝에는 승리를 얻은 것이다.

TALKING WISDOM 양보를 통해 각성시키기

밤새도록 연락이 없던 남편이 이튿날 아침이 되어서야 유령 같은 모습으로 집에 돌아왔다. 아내가 잔소리를 하자 남편이 그에 대꾸하면서 두 사람 사이에 심상치 않은 말이 오가기 시작하더니, 끝내 싸움으로까지 번졌다. 그러다 갑자기 아내가 말했다.

"됐어요, 그만합시다. 별 대단한 일도 아닌데 우리 싸우지 말아요. 남자가 밤에 집에 잘 안 돌아오는 것도 요즘 유행인가보죠? 대신 한 가지 당신한테 분명히 일깨워 주고 싶은 게 있어요. 구관이 명관이라는 말 알죠?"

아내는 비록 싸움에서 유리한 입장에 있었지만 수세에 몰린 남편을 물에 빠진 개 패듯 몰아붙일 수도 없는 노릇이어서 놀림 섞인 말 몇 마디로 충돌을 보기 좋게 마무리 지었다.

TALKING WISDOM 약한 모습 보이기

곤경에서 벗어나고자 할 때, 부드러운 말이 강한 말보다 더욱 큰 위력을 갖는다는 것을 명심하라. 약한 모습 혹은 내가 남보다 못한 모습은 단지 말로만이 아니라 때로는 행동으로도 표현해 보일 수 있다. '연한 것은 먹어도 딱딱한 것은 먹지 않는다'는 중국 속담도 있듯 부드러운 태도는 받아들여도 거세게 나오면 반발심이 들어 더욱 대드는 것이 사람의 공통된 심리다. 여기서 과연 어느 정도로 약하게 나가야 할지는 한마디로 설명하기 어려우며, 직접 체험하여 터득하는 것이 필요하다.

벤저민 프랭클린은 젊었을 때 펜실베이니아주의 시의회 의원으로 당선되었는데, 그는 다른 한 의원으로부터 긴 연설 도중 심한 욕을 들어야만 했다. 만일 이에 대해 '눈에는 눈, 이에는 이' 식으로 행동한다면 프랭클린은 절대 그 의원의 맞수가 될 수 없었다. 어떻게 해야 새로 나타난 적수에 맞설 수 있을까? 프랭클린은 성의 있고 깍듯한 태도로 그를 감동시키기로 했다. 어느 날 그 의원이 값진 책 몇 권을 소지하고 있다는 사실을 알게 된 프랭클린은 그에게 책을 빌려 읽고 싶다는 짧은 내용의 편지를 보냈다. 그러자 그 의원이 책을 보내왔다. 일주일이 지나 책을 돌려주게 되었을 때, 프랭클린은 다시 편지 한 장을 동봉해 진실한 감사의 뜻을 전했다.

그 결과 두 사람이 의회에서 서로 마주쳤을 때, 의원이 먼저 프랭클린에게 다가와 친근하게 인사를 하며 우호적인 대화를 나누었고, 그 후로는 모든 일에 관해 프랭클린에게 매우 협조적이 되었다. 이렇게 해서 두 사람은 마음을 나누는 가까운 친구가 되었고, 두 사람의 우정은 의원이 세상을 떠날 때까지 이어졌다.

관용은 양보의 최고경지라 해도 과언이 아니다. 관용의 자세로 한발 물러서는 것은 일종의 미덕이기도 하다.

중국 당대의 대표적인 서예가 치궁啓功 이 유명해지고 나자, 그의 필묵을 모방하여 시장에 내다 파는 사람들이 많이 생겼다. 한번은 그가 친구 몇 명과 함께 길을 가다 명인들의 서화를 파는 상점을 지나치게 되었다. 그의 친구들이 치궁의 작품이 있는지 들어가 보자고 권유했고, 치궁도 호기심이 나서 다 같이 가게로 들어가 보았다. 역시 치궁의 서화 몇 점이 있었고, 서체의 모방 수준도 거의 전문가 못지않아 그의 친구들조차도 "치형, 이거 치형이 쓴 것 아니오?"라고 물을 정도였다. 치궁은 그저 가볍게 웃으며 감탄한 듯 말했다.

"내가 쓴 것보다 낫구려, 나보다 나아!"

그 말에 사람들 모두가 웃음을 터뜨렸다. 그런데 마침 그 사이, 누군가 상점 안으로 들어와 묻기를 "나한테 치궁의 진품이 있는데 사시겠소?"라는 것이 아닌가. 치궁이 그 사람에게 말했다.

"어디 좀 봅시다."

그가 치궁에게 서예작품을 건네자 치궁과 같이 온 사람들이 작품을 팔려는 사람에게 물었다.

"치궁을 아시오?"

그 사람은 자신 있게 대답했다.

"알다마다요, 제 스승이십니다."

그러자 질문했던 사람이 치궁을 돌아보며 물었다.

"치형, 치형에게 이런 제자가 있었소?"

그 말을 들은 '가짜 제자'는 깜짝 놀라 난처하고 두려운 마음에 애걸하며 말했다.

"실은 제가 형편이 어려워서 이런 못난 짓을 저질렀습니다. 염치 불구하고 감히 선생님께 용서를 구합니다."

치궁은 너그러이 웃으며 말했다.

"생계가 어려워 내 글씨라도 본떠야 한다면 그렇게 하시지요. 그렇지만 내 글씨를 가지고 반동표어 같은 건 쓰면 안 됩니다."

그 사람은 고개를 푹 숙이고 말했다.

"아이고, 그럼요, 제가 어찌……."

그는 말을 마치자마자 냉큼 달아났다.

"아니 치형, 어째서 저자를 그냥 내버려 둔 거요?"

같이 온 사람들이 묻자 치궁은 유머러스하게 말했다.

"그냥 가게 두지 않으면, 경찰서에라도 보내자는 거요? 내 이름을 썼다는 건 그만큼 나를 대단하게 생각해준다는 뜻이고, 게다가 그 사람 형편이 어렵다니 돈이 필요할 게 분명하잖소. 만약 내게 찾아와 돈을 꿔달라고 하면 어차피 빌려줘야 할 것 아닙니까? 듣자 하니 과거 문정명文征明이나 당인唐寅 같은 위대한 서예가들도 그들의 서체를 모방하는 사람들에 대해 반박하기는커녕 심지어 위조품에 제사題詞까지 적어 가난한 친구들이 내다 팔도록 해주었다고 하지 않소. 옛사람들도 그렇게 넓은 아량을 베풀었는데 내가 소인배처럼 굴 필요가 뭐가 있겠소?"

그렇게 이해하고 넘어간 치궁의 도량은 실로 옛사람보다 더 넓으면 넓었지 조금도 덜하지 않았다.

상대의 조소에 맞서
당당히 비웃어라

무례하게 조소를 던지는 사람이 있다면 이에 맞서 비웃어야 한다. 이를 위해서는 빠른 반응과 재치가 중요하다. 상대방의 비방이나 조소에도 냉정함을 잃지 말고 민첩하게 반격의 조소를 던져 단번에 상대방의 허를 찌르는 것이다.

본론에 들어가기 앞서 세 가지 짧은 에피소드를 소개하고자 한다.

덴마크의 유명한 동화작가 안데르센은 차림새가 무척 검소했다. 어느 날 그가 낡은 모자를 쓰고 길을 가는데 지나가던 사람이 그를 비웃으며 말했다.

"당신 머리 위에 있는 그 물건은 대체 뭐요? 그것도 모자라고 쓰고 다니는 거요?"

그러자 안데르센은 곧바로 되받아쳤다.

"당신 모자 아래 있는 건 뭔가요? 그것도 머리라고 달고 다닙니까?"

영국의 대문호 버나드 쇼는 체형이 마르고 긴 편이었다. 하루는 그가 어느 파티에 참석했는데 한 뚱뚱한 부자가 그를 놀리듯이 말했다.

"안녕하시오, 버나드 선생! 선생을 보니 지금 이 세상에 빈곤과 기아 문제가 얼마나 심각한지를 알겠군요."

버나드 쇼는 곧장 이렇게 응수했다.

"나는 선생을 보니 이 세상에 빈곤과 기아 문제가 왜 이렇게 심각한지를 알겠군요."

9 · 13사건 문화대혁명의 핵심인물이었던 린뱌오林彪가 마오쩌둥을 배신하고 쿠데타를 꾀하다 실패로 돌아간 사건. '린뱌오사건'이라고도 함 이후, 유엔 안전보장이사회에서 어떤 나라의 대표가 이 일을 가지고 중국을 폄하하며 말했다.

"중국이 그렇게 좋은 나라라면 린뱌오는 어째서 소련으로 도망간 겁니까?"

중국 대표가 침착하게 대답했다.

"존경하는 대표님, 꽃에서 아무리 좋은 향기가 난다 해도 파리는 여전히 화장실에서 날아다니지 않습니까."

위의 세 에피소드를 읽고 나면 누구나 그 예리함과 유쾌함에 통쾌한 기분을 느낄 것이다. 이러한 느낌은 이들 이야기가 가지고 있는 공통점, 즉 시기적절하게 상대의 비난에 반격하는 전술에 의한 것이다. 이 전술은 언어적으로 공격을 당할 때, 즉각적이고도 교묘하게 상대방의 말 속에 있는 허점을 이용하거나 상대가 공격한 방법과 순서를 그대로 답습하거나 혹은 상대방의 말을 차용하여 비유나 과장, 반어 등의 수사법으로 반격함으로써, 상대방의 추악한 면을 드러내고 악의적인 도발로 자신을 곤경에서 벗어나도록 만든다.

이를 위해서는 빠른 반응과 재치가 필요하며, 상대방의 비방이나 조소에도 냉정함을 잃지 말고 민첩하게 반격의 조소를 던져 단번에 상대방의 허를 찔러야 한다. 이 전술은 민첩함과 언어의 탄력성을 가장 잘 드러내며 현명한 사람들이 자신의 재능과 풍격을 돋보이게 하는 가장 멋진 방법이기도 하다.

TALKING WISDOM 말 속에 말을 숨기고 부드러움으로 강함을 눌러라

예를 들어 다음과 같은 상황이 있다고 가정하자. 평소 사이가 좋지 않은 A와 B 두 사람이 우연히 좁은 골목에서 마주쳤다. A가 오만한 투로 말했다.

"내가 당신한테 길을 비켜주지 않으면 어쩔 거요? 나를 잡아먹기라도 할 텐가?"

B는 태연하게 말했다.

"당연히 당신을 잡아먹진 못하지요. 나는 이슬람교도거든요."

B의 대답은 A에게 타협하는 듯 보일지 몰라도 실은 은근히 A를 '돼지'라고 욕하는 것이었다.

말 속에 또 다른 뜻을 숨기기 위해서는 두 가지 기본기가 필요하다. 하나는 상대방 말 속의 뼈, 즉 숨은 악의를 간파하는 것이다. 이를 제대로 분간하지 못하면 웃음거리가 될 수 있다. 다른 하나는 함축적으로 자신의 뜻을 돌려서 밝히되 상대방이 말 속에 숨겨진 가시를 속으로 깨닫고 이해하게 만드는 것이다.

TALKING WISDOM 어려운 문제를 던져 오만함을 꺾어라

주위를 둘러보면 스스로 지식과 경험이 풍부하다고 자부하여 다른 사람을 깔보고 안하무인 격으로 갖은 오만을 떠는 사람들이 있다. 이런 사람들에게는 교묘하게 어려운 문제 혹은 상대방이 모르는 문제를 던져주면 그 거만한 기세를 제압할 수 있다. 이는 그의 지식이 얼마나 풍부하고 그의 경력이 얼마나 광범위하든 상관없이 이 넓고 복잡한 세상에서는 결국 유한할 수밖에 없기에 그 자신도 결함이 있다는 사실을 알게 된다면 오만함이 한풀 꺾일 것이다.

어느 국제회의 기간, 한 서양 외교관이 거드름을 잔뜩 부리며 중국의 대표에게 말했다.

"대표께서 서양에 머문 지도 어느 정도 지났는데, 서양에 대해 뭘 좀 알게 되셨는지 모르겠군요."

이 외교관은 중국 대표의 무지를 제멋대로 확신하고 오만하게 비웃은 것이었다. 중국 대표는 담담히 웃으며 대답했다.

"나는 서양에서 교육을 받았습니다. 사십 년 전 파리에서 고등교육을 받았으니 서양에 대한 이해가 당신보다 그리 부족하진 않을 겁니다. 그러는 대표께선 동양에 대해 어느 정도나 이해하고 계신지요?"

중국 대표의 질문에 그 외교관은 어쩔 줄을 몰라 하며 얼굴에 난색을 보였고, 당당하던 모습도 곧 사라졌다.

어려운 문제로 거만함을 누르려 할 때, 상대에게 던지는 문제는 물론 상대방이 대답할 수 없는 것이어야 한다. 그렇게 해야만 상대의 무지 혹은 결함이 드러나 거만함을 꺾을 수 있다. 만일 상대를 누르기 위해 던진 질문이 쉽게 답할 수 있는 문제라면 거만함을 꺾기는커녕 오히려 부추기는 셈이 되어, 그 기세는 더욱 당당해질 테고 이전보다 더 심각한 지경에 처할 것이다.

TALKING WISDOM 정황에 따라, 이에는 이로 맞서라

진晉나라 때 유도진劉道眞은 전쟁으로 인해 모든 것을 잃고 생계를 이어갈 방도가 없어 강가 나루터에서 밧줄로 배를 끌고 물건을 나르는 인부가 되었다. 유도진은 본디 말을 함부로 하는 데다 남을 비웃기 좋아하는 성격이었다. 어느 날 그는 강가에서 밧줄을 끌다가 한 나이 든 부인이 배 위에서 노를 젓는 모습을 보고는 비웃으며 말했다.

"여자가 집에서 길쌈이나 할 것이지 어쩌자고 강에 나와서 배를 타는 건지."

노부인이 되받아치며 말했다.

"사내대장부가 말을 달리지는 않고 어째서 강에 나와서 남의 짐이나 내려주고 있담?"

유도진은 입이 있어도 대꾸할 말이 없었다.

TALKING WISDOM 약점을 잡아 거짓은 거짓으로 대응하라

일상의 언어교제 중에 현명한 사람들은 기교와 지혜를 이용하여 상대방의 거짓말이나 잘못, 말실수에 대해 '거짓으로 거짓을 다스리는' 방식을 써서 상대를 조소하고 말문을 막는다. 이러한 방식은 그 생동감이나 유연성, 해학성, 서사성이 매우 강해서 참고로 삼을 만하다.

민간에 이런 이야기가 전해진다. 어느 고을의 현령縣令이 정직하고 무던한 한 농부를 못살게 굴 생각으로, 농부가 마을 사람들과 결탁하여 가뭄이 들어 흉작이 났다는 핑계로 납세를 거부하려 들었다며 누명을 씌웠다. 현령은 농부를 흠씬 두들겨 팬 후 그에게 3일 안에 수탉이 낳은 계란 두

개를 구해오도록 명령했다. 만약 구해오지 못할 경우 때려죽여도 원망하지 말라고 으름장까지 놓았다.

농부의 처가 그 이야기를 듣고 남편에게 말했다.

"세상에, 수탉이 낳은 계란이라니. 그런 게 어디 있단 말입니까? 이건 분명 현령의 악랄한 수작이에요."

3일 후, 농부의 아내는 남편을 대신해 관아에 나갔다. 현령은 화를 내며 버럭 소리를 질렀다.

"어째서 네 남편이 직접 오지 않았느냐?"

"현령 나리, 제 남편은 지금 집에서 아이를 낳느라 나올 수 없어 제가 대신 왔습니다."

"뭐라고? 너희 집에서는 남자도 아이를 낳는단 말이냐? 그런 말도 안 되는 거짓말로 감히 나를 우롱하려들다니! 여봐라, 저 미천한 계집을 매우 쳐라!"

"잠시만 더 들어보십시오, 나리. 남자가 아이를 낳는 것이 말도 안 되는 거짓말이라 하신다면, 수탉이 달걀을 낳는 것 또한 말도 안 되는 거짓말이 아닙니까? 현령께서 미천한 백성에게 수탉이 낳은 달걀을 내오라 하시는 것은 백성을 우롱하는 처사가 아닌지요?"

"그건……."

현령은 말문이 막히고 말았다.

이 이야기는 비록 진부할지는 몰라도 여전히 사람들의 사랑을 받을 만하다. 특히 농부 아내의 말은 지금까지도 그 지혜로움이 빛을 발하고 있다. 농부의 아내는 현령의 가혹한 괴롭힘에 맞서고자 거짓말에 거짓말로 대처하는 기교를 부려 터무니없는 요구에 반격했다. 이 이야기로 옛날 민

간의 여인들이 얼마나 지혜로운 말재주와 임기응변 능력을 가졌는지도
알 수 있다.

뜻밖의 모욕을 당하거든 역습하여 일격을 가하라

중국에서 오래도록 칭송받는 안자가 초나라에 사신으로 갔을 때의 일
화는 뜻밖의 모욕을 당했을 때 재빠르게 반격하여 달변과 임기응변의 능
력을 보여준 전형적인 예라고 할 수 있다.

안자가 제나라 사신으로서 초나라에 갔을 당시에는 초나라가 제나라보
다 세력이 강한 상황이었다. 그가 막 초나라에 도착했을 때, 초나라 왕은
키가 작은 안자로 하여금 커다란 정문 대신 개들이 드나드는 작은 문으로
들어오도록 근위병들에게 미리 명령해두었다. 개인의 인격과 국가의 체
면을 모욕한 이 웃지 못할 상황에 안자는 매우 예리한 반격을 가했다. 그
는 즉각 이렇게 말했다.

"개 나라로 파견된 사람만이 개구멍으로 드나드는 법이오. 나는 초나라
의 사절로 왔으니 이런 문으로 들어가는 건 이치에 맞지 않소."

이 말에 문을 지키던 근위병은 난처해서 어찌할 바를 몰라 했다. 만약
안자를 개구멍으로 들여보내면 초나라가 개 나라임을 스스로 인정하는
꼴이 되기 때문이었다. 그래서 근위병은 하는 수 없이 대문을 열어주었
고, 안자는 어깨를 펴고 당당히 성안으로 들어갈 수 있었다.

모욕은 이걸로 끝이 아니었다. 안자를 위해 베푼 연회에서 초나라 왕은
또다시 난감한 상황을 연출해냈다. 미리 짜놓은 각본대로 한 죄인이 포박
당한 채 끌려왔는데, 그자를 끌고 온 관리가 말하기를, 도둑질을 한 죄인

은 원래 제나라 사람이라는 것이었다. 안자는 또 한 번 곤란한 국면에 처하였다. 왜냐하면 이것이 제나라와 자기 자신에 대한 심각한 도발임을 알면서도 사실을 확인할 수 없는 상황에서 국가의 존엄을 욕되게 하지 않도록 해명을 해야만 했기 때문이다. 안자는 일단 한발 물러서서 끌려온 자가 정말로 제나라 도둑이라는 전제 하에 반격을 가했다. 그는 먼저 다음과 같은 비유를 들었다.

"같은 귤이라도 회남淮南에서 나면 귤이 되지만 회북淮北에서 나면 탱자가 된다 하옵니다."

이 둘이 차이가 나는 원인은 토질이 다르기 때문이라는 것인데, 이는 곧 '제나라에서는 도둑질을 하지 않던 사람도 초나라에 가면 도둑이 된다'는 의미를 담은 비유로, 본시 제나라의 백성으로서 기질이 선한 그를 초나라가 도둑질하도록 만들었기 때문이라는 설명이다. 이 짧은 비유가 불리했던 위치를 우세하게 뒤집어 초나라 왕이 도리어 아무런 반박도 못하게 만들었다. 안자의 통쾌한 완승이었다. 이렇듯 즉각적이고 민첩하고 효과적인 반격은 설전에서 굳건하게 버틸 수 있게 하는 방패가 된다.

TALKING WISDOM 적을 깊숙이 유인하여 돌연히 반격하라

상대방의 조소에 반격하는 과정에서 때로는 정면돌파를 하는 것보다 상황에 맞추어 적을 깊이 유인하여 상대를 황당무계함의 극치로 몰고 간 뒤, 갑자기 방향을 틀어 일격을 가해 치명상을 입히는 것도 급격한 전환을 꾀하는 지혜라 할 수 있다.

어느 환자가 입원수속을 밟으며 간호사에게 말했다.

"병실은 삼등실로 배정해주세요. 저는 돈이 없거든요."

간호사가 물었다.

"주위에 도와줄 분이 아무도 안 계신가요?"

환자가 대답했다.

"없어요. 누님이 한 분 계신데 수녀님이라 역시 돈이 없답니다."

간호사가 비아냥거리듯 말했다.

"수녀님이 얼마나 부유한데요. 하느님과 결혼했잖아요."

그러자 환자가 몹시 화를 내며 말했다.

"좋아요, 그럼 일등실로 주시고 나중에 병원비는 제 매형에게 청구하세요."

간호사는 환자에 대한 예의라고는 조금도 갖추지 않은 채 이 환자를 조소했다. 그러나 환자는 간호사의 조롱에 대해 정면으로 반박하기보다 일단 그녀의 발언을 이용해 '우리 누나가 신과 결혼했다고 치면 신은 내 매형일 테니 일등실을 달라'는 식으로 대화를 끌어갔다. 그러다 마지막에 '대신 청구서는 매형 앞으로 보내라'며 역전을 꾀했다. 이 절묘한 추론은 직업의식이 부족한 간호사를 찍소리도 못하게 만들어버렸다.

말을 잘하는 사람
TALKING

행동을 잘하는 지혜
WISDOM

CHAPTER 03

때로는
강경하게 맞서라

특정한 상황에서 계속 상대방에 의해 끌려가거나 혹은 일관되게 저자세를 유지하다보면 시간이 지남에 따라 수동적인 위치에서 벗어나기가 매우 힘들어진다. 따라서 때로는 강한 태도와 조치를 취해 피동적 위치를 능동적이고 주동적인 위치로 전환할 필요가 있다.

간 큰 놈은 배불러 죽고, 간 작은 놈은 굶어 죽는다'는 중국 속담이 있다. 대다수의 사람들은 두려움을 참지 못하고 겁을 이겨내지 못한다. 바로 이 점이 이번 전략에서 말하고자 하는 '강경책'이 효과를 볼 수 있게 하는 심리적 기초이다.

강경책은 주로 힘겨루기의 발단에서 많이 사용된다. 강경하게 밀고 나감으로써 심리적인 우세를 점할 수 있고, 이로써 심리적으로 상대를 압도하여 철저하게 이기는 것이다. 강경책 가운데에서도 가장 흔히 사용되면서 가장 효과적인 방법은 바로 협박이다.

심리적으로 상대에게 위협을 주고 싶다면, 반드시 그로부터 얻게 될 이해득실에 대한 정확한 분석이 우선되어야 한다. 대나무를 그리려면 먼저 마음속에 완성된 대나무의 모습이 있어야 하듯, 이런 과정이 선행되어야만 진정으로 상대방을 위협할 수 있다.

전국시기, 제나라 장축張표이라는 사람이 연나라에 볼모로 잡히게 되었다. 그가 인질로 잡혀간 지 얼마 되지 않아 제나라와 연나라 사이에 전쟁이 일어났고, 연나라 왕은 장축을 죽이려고 했다. 장축은 그 사실을 알고 급히 도망을 쳤지만 불행히도 국경을 수비하던 병사에게 붙잡히고 말았다. 병사가 장축에게 말했다.

"당신은 도주범이니 체포해서 연왕 앞으로 데려가겠소!"

장축은 병사를 위협하며 말했다.

"그대는 연왕이 어째서 나를 죽이려 하는지 아시오? 그건 누군가가 연왕에게 내가 귀한 보석을 가지고 있다고 말한 탓에 보석을 가로채기 위해서요. 그렇지만 나는 그 보석을 이미 잃어버렸소. 연왕은 그 말을 믿지 않고 내가 자기를 속인다고 생각하고 있지. 지금 그대가 나를 붙잡아서 연왕에게 바치겠다면 나는 연왕 앞에서 당신이 내 보석을 빼앗아 집어삼켰다고 말할 것이오. 그러면 연왕은 보석을 찾기 위해 그대를 죽이고 배를 갈라 그대의 창자를 하나씩 끄집어내 토막내가며 보석을 찾으려들겠지. 그렇게 되면 나도 살지 못하겠지만 그대는 더욱 비참하게 죽을 것이오."

병사는 장축을 연왕에게 보낼 경우의 끔찍한 결과에 대해 듣고는 지레 겁을 집어먹고 얼른 장축을 놓아주었다. 덕분에 장축은 편안하게 제나라로 돌아갈 수 있었다.

나를 매도하거나 함부로 욕을 하는 사람 앞에서는 아무리 자신이 옳더라도 말문이 막혀 시비를 가리기가 쉽지 않다. 할 말을 준비해서 막상 입을 열려고 들어도 끊임없이 비꼬는 말을 내뱉어 끼어들 틈이 없게 만들기 때문이다. 그럴 때 강력한 수단을 써서 상대를 위협하면 상대방 때문에 흐트러졌던 정신이 바짝 들 것이다.

어느 회사의 인사과 직원이 자료실로 부서이동을 하게 되었다. 인사과 부장이 면담을 위해 그를 부르자, 그는 부장에게 덤비듯 물었다.

"대체 저에게 무슨 잘못이 있어서 저를 인사과에서 내쫓으신 겁니까?"

"다 자네의 적성을 고려했기 때문일세. 자네는 인사과 업무에 적합하지 않아. 자료를 관리하는 업무가 오히려 자네에게 더 적합할 것이라 판단했네."

"적합은 무슨 얼어 죽을! 한 부서를 책임진다고 앉아 있는 사람들이 말은 번드르르하게 하면서 속은 비열함으로 가득 차 있지. 제가 아무것도 모를 거라고 생각한다면 오산이에요. 제가 지금 당신한테 개자식이라고 욕을 한다면, 당신이 나한테 어떻게 나올지 한번 봅시다!"

그러더니 대뜸 입에 담을 수 없는 욕을 퍼붓기 시작했다. 부장은 그의 무뢰한 같은 모습에 탁자를 치며 일어났다.

"자네 그 입 다물지 못하겠나? 자넨 도대체 우리 회사를 어떻게 생각하고 있는 건가? 자네가 함부로 욕지거리나 뱉을 만한 그런 난장판이 아니란 말일세. 만약 욕을 한 마디만 더 하면 당장 회사에서 내쫓아 자네 가족들 앞에서나 욕을 지껄이게끔 만들어줄 걸세!"

직원은 이 말에 곧 입을 다물었다. 부장이 덧붙였다.

"만일 내가 정말 부당한 처사를 내렸다고 생각한다면 상부에 이의를 제기할 수도 있지 않은가? 인사에 불만이 있어서 정식으로 건의하는 건 용납할 수 있지만 막돼먹은 사람처럼 마구 욕지거리나 해대는 건 절대 용납할 수 없네."

속사포처럼 쏟아지는 부장의 협박성 최후통첩과 충고를 듣고 나자 그 직원은 오히려 말을 더듬어가며 자신이 방금 전까지 했던 행동들을 수습하기에 급급했다.

TALKING WISDOM 먼저 비위를 맞춰주고 나서 위협하라

선원을 남편으로 둔 여자가 있었는데, 남편이 장기간 바다에 나가 있는 터라 늘 외롭고 쓸쓸한 나날을 보내야 했다. 출근해서 일을 하는 낮에는 그래도 괜찮았지만 퇴근하고 집에 오면 조바심이 나서 안절부절못했다. 그녀는 시간을 때울 생각으로 야간대학에 등록했다. 첫날 수업에 나가보니 남편의 중학교 동창이 강의실에 앉아 있었다. 그 동창은 남편과 각별했기 때문에 두 사람은 자연스레 친해지게 되었다. 그러나 뜻밖에도 남편의 동창이 암암리에 그녀에게 흑심을 품고 은근히 접근하려는 낌새를 보이기 시작했다. 그녀는 그의 의도가 불순하다는 걸 눈치 채고는 매섭게 말했다.

"옛부터 친구의 아내는 탐하지 말라는 말이 있어요. 당신은 제 남편의 절친한 친구잖아요. 남편이 평소 당신에게 얼마나 잘해줬는데, 만약 내가 이 일을 남편에게 말하면 어떻게 되겠어요?"

남자는 그 말에 하얗게 질린 얼굴빛으로 말했다.

"앞으로 다시는 그러지 않을 테니 제발 친구에게는 말하지 말아주세요!"

이런 경우, 만일 비위에 맞는 말만 한다면 상대방은 아무런 경계심도 느끼지 않고 주도권을 손에 쥐게 되므로, 나의 요구에 확답해줄 거라는 보장이 없다. 그러나 적당히 비위를 맞춰주되 점잖은 말로 협박한다면 주도권이 내 손에 들어오는 것은 물론 상대방의 체면도 상하지 않을 뿐만 아니라 실질적으로 내 말을 듣지 않으면 안 되게끔 만들 수 있다.

TALKING WISDOM 먼저 상대를 제압하고 '이에는 이'로 맞서라

미국 로스앤젤레스의 화교 상인인 천둥陳東은 홍콩의 번영그룹繁榮集團에서 경태람景泰藍이라 불리는 법랑공예품을 대량으로 구입하기에 앞서 구입 시 대금의 절반은 현금으로 결제하고 나머지 절반은 지급시기를 한 달 뒤로 하는 약속어음을 발행하겠다고 구두로 약속했다. 계약 당일, 천둥은 자기가 직접 나오지 않고 대신 아들을 계약장소로 내보냈다. 그로부터 한 달 후, 어음 만기일이 되었지만 은행에서는 대금지급을 거부했고, 몇 번이나 연락을 취해도 천둥은 미루고 계속 미루다 나중에는 아예 전화조차 받지 않았다. 번영그룹에서는 그제야 천둥에게 속았다는 사실을 깨달았다. 사장인 천위슈陳玉書가 말했다.

"그가 죽을 때까지 미국에 숨어 살면서 홍콩과는 장사를 하지 않는다면 모를까, 만약 홍콩에 오기만 하면 반드시 돈을 받아내고야 말 테다."

천위슈는 곳곳에 밀정을 심어두었고, 마침내 천둥이 홍콩에 왔다는 정보를 얻어냈다. 천위슈는 곧바로 사람을 보내 그와 연락을 취한 뒤, 조수

鳥獸 문양이 새겨진 경태람을 특별히 할인된 가격에 팔겠다는 미끼로 천둥을 유인했다. 천둥이 회사에 찾아왔다는 소식에 천위슈는 문을 박차고 나가 큰 소리로 말했다.

"드디어 걸려들었군!"

천둥은 순간 안색이 바뀌면서 몸이 굳어 그 자리에 멈춰 섰다.

"이렇게 온 이상 그냥 돌려보낼 순 없지."

천위슈는 손바닥을 내밀며 다그쳤다.

"내 돈은 어딨어?"

"돈을 빚지고 갚지 않은 건 내가 아니라 내 아들이오."

"당신이 전화로 나와 약속하지 않았나? 그런데 어떻게 당신 아들에게서 돈을 받으라는 거지?"

"아들의 빚을 그 부모가 갚으라는 법은 미국에 없어요!"

"여긴 미국이 아니라 홍콩이라고! 당신이 오늘 여기서 나갈 수 있다면 내 성을 갈지! 우리 같은 사람들은 도리를 중시해서, 도리를 모르는 사람한테는 우리 식대로 처리하는 방법이 있지. 내가 어떤 사람인지는 알고 있나?"

상대방이 대답하기도 전에 천위슈가 먼저 큰소리쳤다.

"나는 어려서부터 인도네시아 폭력조직에 몸담았었지."

연약한 사람은 강경하게 밀고 나오는 사람을 못 당하고, 강경한 사람은 난폭한 사람을 못 당하며, 난폭한 사람은 목숨 걸고 덤비는 사람을 못 당하는 법이다. 천둥은 식은땀을 줄줄 흘리며 심장이 불편한지 손으로 가슴을 부여잡은 채 약을 꺼냈다. 천위슈가 천둥에게 말했다.

"내 요구사항은 당신이 돈을 갚는 것이니, 돈을 갚기 전까지는 절대 이

문 밖으로 한 발짝도 나설 생각일랑 말게."

천둥은 잡아떼는 것도 소용없고, 속임수도 더이상 통하지 않을 걸 알고는 순순히 한 보석상에게 전화를 걸어 수표를 끊어달라고 했다.

천위슈는 협박을 하기에 앞서 상대방을 제압하여 대치상황에서 심리적 우위를 점함으로써 순조롭게 **승리**할 수 있었다. 먼저 손을 쓰는 것이 상책이라는 말은 바로 이럴 때를 두고 하는 말이다. 요컨대 먼저 큰소리를 쳐서 상대의 기세를 꺾은 후 상대방이 두려움을 느끼고 자기 뜻대로 되지 않을 상황임을 깨닫게 하는 것이 성공의 비결이다.

TALKING WISDOM 때로는 침묵이 말보다 더 강하다

공포영화를 좋아하는 사람이라면 공포영화에서 가장 등골을 오싹하게 만드는 장면이 다름 아니라 바늘 떨어지는 소리마저 들릴 듯한 적막과 고요라는 사실에 공감할 것이다. 이러한 이치는 협박을 해야 하는 상황에서도 큰 힘을 발휘한다.

나의 흠을 찾으려고 혈안이 된 사람 앞에서 태연하게 눈 하나 깜짝하지 않는 것은 '이에는 이'로 맞서는 강경책보다 더 큰 위력을 발휘할 수 있다. 침묵이 가장 강한 무기가 될 수 있다는 뜻이다.

TALKING WISDOM 법률의 권위를 내세워라

잔뜩 열이 받아 발끈해 있는 사람에 대해, 설득자는 법률적 입장에서 심각한 말투와 위엄 있는 태도로 상대방의 행위가 법에 저촉될 수도 있다는 점을 강조함으로써, 위협에 힘을 싣고 상대의 경각심을 불러일으켜 사태의 악화를 효과적으로 막을 수 있다.

상대방의 약점을 잡아
주도권을 선점하라

만약 소가 당신 뜻대로 순순히 따라오기를 원한다면 소의 코를 꿰어 끌고 가는 것이 가장 좋은 방법이다. 쌍방이 논쟁을 벌일 때도 마찬가지로, 상대의 '코'가 어디 있는지만 찾아내면 주도권을 쥐고 상대를 누를 수 있다.

일상적인 교제나 비즈니스에서 우리는 이따금씩 막말을 하거나 무례를 범하는 사람들을 만나기도 한다. 이렇게 태도가 불순한 사람들은 겉보기에는 통제가 불가능할 것 같지만 사실 그들에게도 이런저런 치명적인 약점이 있게 마련이며, 그들은 이 부분을 건드리는 것을 가장 두려워한다. 일단 상대의 아킬레스건을 파악하고 나면 그는 곧 고개를 숙이고 용서를 빌 수밖에 없을 것이다.

사람은 누구에게나 약점이 있다. 이러한 약점들은 언제라도 상대방에게 발목을 잡히는 구실이 될 수 있다.

성미가 급하고 흥분을 잘하는 사람에게 자극법을 사용하면 그의 취미조차도 그 욕망의 문을 여는 열쇠로 사용된다. 그가 가장 좋아하는 것을 가지고 유혹하거나, 또는 싫어하는 것을 가지고 공격하면 반드시 미끼에 걸려 약점이 잡히게 마련이다. 타인의 은밀한 비밀, 예를 들자면 스캔들이나 뇌물수수, 법률위반 등도 역시 발목을 잡을 수 있는 구실이 된다.

한나라 때의 인물 주박朱博은 원래 일개 무장이었다가 후에 지방관으로 임명되었는데, 그는 기발한 수단을 써서 지방에 있는 악한 세력들을 제압하여 사람들로부터 칭송을 받았다고 한다.

장릉長陵 일대에 대부호 출신의 상방금尙方禁이라는 사람이 있었는데, 그는 젊었을 때 유부녀와 간통을 한 죄로 자자형刺字刑, 옛날 중국에서 얼굴이나 팔뚝에 흠을 내어 죄명을 먹물로 써넣던 형벌을 당해 그 자국이 아직도 얼굴에 남아 있었다. 이 같은 악질은 본래 중벌에 처함이 마땅했지만 그는 관부의 공조功曹에게 엄청난 뇌물을 먹여, 면직을 당하기는커녕 오히려 나중에 수위守尉로 임명되기까지 하였다.

주박이 그 지방에 부임한 뒤 어떤 사람이 그에게 이 일을 고발했다. 주박은 어찌 이럴 수가 있는가 싶어 상방금을 불러들였다. 상방금은 조마조마한 마음으로 주박 앞에 나갔다. 주박이 상방금의 얼굴을 자세히 들여다보니 과연 칼자국이 있었다. 그는 좌우를 물리치고 그에게 매우 관심 있는 척 가장하며 어찌된 일인지를 물었다.

상방금은 주박이 이미 자신에 대해 꿰뚫고 있음을 알았기 때문에 도둑이 제 발 저린다고 연신 고개를 조아리며 사실대로 고했다.

"대인께서 죄를 용서해주시면 소인, 앞으로 다시는 그런 못된 짓은 하지 않겠습니다."

"하하하……."

상대방의 애걸에 주박은 웃음을 터뜨렸다.

"사내가 한 번쯤 저지를 수 있는 실수였구먼. 내가 만일 자네의 부끄러운 과거를 씻을 수 있도록 공을 세울 기회를 준다면 나를 위해 최선을 다하겠는가?"

그리하여 주박은 상방금에게 누구에게도 오늘의 대화를 발설하지 말도록 명령하고, 기회가 되는 대로 다른 관리들이 하는 말들을 기록하여 그때그때 보고를 하라고 했다. 상방금은 이로써 완벽한 주박의 심복이 된 것이다.

주박의 관대한 용서와 중용을 겪은 후로, 상방금은 주박의 크나큰 은덕을 늘 마음속에 새기며 목숨을 바칠 각오로 일했다. 그리하여 얼마 되지 않아 절도나 강간 등의 범죄를 저지른 범인들을 많이 잡아들였고, 그 공에 힘입어 지역의 치안이 크게 강화되었다. 주박은 그를 연수현連守縣의 현령으로 승진시켜주었다.

칼을 쥘 때는 칼자루를 쥐어야 하고, 상대를 제압하려면 약점을 잡아야 한다. 지혜로운 사람은 상대에게서 약점을 발견하면 쉽게 지나치지 않고 그 점을 이용해 그가 나에게 이끌려오도록 만든다. 이 방법은 아랫사람을 통제할 때도 응용할 수 있다.

다시 위의 이야기를 계속해보자. 그로부터 오랜 시간이 흐른 후, 주박은 갑자기 예전에 상방금으로부터 뇌물을 받았다는 공조를 불러들여 단독으로 엄격한 심문을 했다. 그는 종이와 붓을 가져오게 해 그동안 한 푼이라도 받은 뇌물이 있거든 하나도 남김없이 적어내도록 하고, 만에 하나 조금이라도 속이는 일이 있으면 중벌을 내릴 것이라고 으름장을 놓았다. 이에 공조는 혼이 빠지도록 놀란 나머지 붓을 들고서 지난날의 악한 행적을 낱낱이 적어 바쳤다.

주박은 오래전에 이미 공조가 뇌물을 받는 등 악행을 일삼은 사실을 상 방금으로부터 들어 알고 있었기에, 공조가 적은 기록을 보고 자신이 알던 바와 큰 차이가 없다고 생각하여 그에게 말했다.

"너는 먼저 돌아가 깊이 반성하면서 처결을 기다려라. 또한 오늘 이후 로는 반드시 새 사람이 되어 그러한 악행을 두 번 다시 저지르지 마라!"

그는 말을 마치더니 허리에서 칼을 뽑아 들었다.

칼을 뽑아 든 주박 앞에서 공조는 하얗게 질린 얼굴로 후들후들 떨었 다. 그는 어쩔 줄 몰라 하며 굽실굽실 절을 해대면서 쉴 새 없이 외쳤다.

"대인, 용서해주십시오. 제발 한 번만 용서해주십시오!"

주박이 칼을 휘두르자 공조의 죄상이 적힌 종이가 칼에 찍히더니, 순식 간에 조각조각 나 쓰레기통에 버려졌다.

이후로 공조는 죽을 때까지 살얼음 위를 걷는 심정으로 온 힘을 다해 공무를 보았으며, 못된 생각은 아예 털끝만큼도 꿈꾸지 않았다.

위의 일화들은 상대의 약점을 포착하여 나에게 꼼짝 못하도록 만들기 위한 방법이다.

상대방의 이익을
전면에 내세워라

자신이 이익을 얻고도 오히려 상대를 위한 것처럼 생색내는 것이야말로 고단수의 처세술이다. 상대방의 이익은 눈앞에 내세우고 자신의 실속은 보이지 않게 챙겨 자신이 목적한 바를 달성하는 것은 물론 상대의 인심까지 얻는 것이 바로 이번 전략의 진수다.

사실 생색내기는 대인관계에서 가장 교활한 수완이기도 하다. 사람됨이 영리하고 총명해서 너와 내가 모두 만족할 수 있도록 눈치껏 일을 처리한다면 누구나 좋아할 것이다. 그러나 교활한 사람은 여기서 그치지 않고 교묘한 수단으로 사리사욕을 취할 뿐 아니라 마치 뛰어난 마술사처럼 사람을 착각에 빠지게 만든다. 분명히 남에게 부탁하고 있음에도 정작 부탁을 받는 사람은 부탁은커녕 오히려 은혜를 입는다고 생각한다. 본래 아무런 공적도 세우지 않고서 교묘하게 남의 공적을 가로채 상을 바라며 으스대는 사람들도 흔히 찾아볼 수 있다.

상대의 체면을 살려주어라

몇 해 전 제너럴일렉트릭GE사는 신중한 처리가 요구되는 문제에 봉착했다. 찰스 스타인메츠를 기획부장 직위에서 물러나게 할 것인가 말 것인가의 문제였다. 스타인메츠는 전기 방면에서는 일인자였지만 뜻밖에도 그가 담당하는 기획업무는 감당해내지 못했다. 그렇다면 그를 면직시키는 수밖에 없는 것일까? 그러나 그는 회사에 꼭 필요한 인물이었기 때문에 그럴 수는 없었다. 게다가 그는 매우 예민하고 흥분을 잘하는 사람이었다. 결국 회사는 그에게 '제너럴일렉트릭사 고문 엔지니어'라는 새로운 직함을 부여했다. 그런 다음 적합한 사람을 새로 찾아내 기획부장직을 담당하게 했다. 스타인메츠의 업무는 이전과 달라진 것이 없었고 단지 직함만 바뀌었을 뿐이었다. 그러나 그 역시 이 인사에 대해 매우 만족해했다.

다른 사람의 체면을 유지시켜주는 것은 매우 중요하다. 단지 1, 2분만이라도 침착히 생각해본 뒤 타인의 입장을 배려하여 말을 건네고, 좀더 관용적인 태도를 베풀고, 또 일처리 방식을 유연하게 바꾼다면, 다른 사람에게 상처를 입히는 행동을 줄일 수 있는 데다 기분 좋은 생색을 낼 수도 있다.

친절을 베풀어라

가게에 들어온 손님이 물건은 사지도 않고 반나절 동안 구경만 하고 있다면 가게 주인 입장에서는 물론 화가 날 수도 있다. 만약 이때 불만스런 표정을 그대로 드러내는 대신 아직 물건을 살 마음이 없는 손님에게 더욱 친절히 대한다면 손님은 당신의 친절에 감동해 나가려던 몸을 돌려 당신이 판매하고 있는 상품을 기꺼이 사려고 할지도 모른다.

한번은 단체 여행객들이 우연히 한 과자점에 들어갔다. 그들은 이것저것 과자를 구경했으나 구매할 계획은 없었다. 여행객들이 문을 나서기 직전, 한 종업원이 사탕 접시를 받쳐 들고는 그들 앞으로 가서 부드러운 목소리로 차근차근 말했다.

"이게 이번에 저희 가게에 막 들어온 신상품입니다. 향이 좋고 참 맛있답니다. 달지만 느끼하지 않고요. 한번 맛보세요. 사양하지 않으셔도 됩니다."

이 같은 호의는 거절하지 않는 것이 상대방에 대한 예의이기에 여행객들은 사탕을 하나씩 맛보았다. 그들은 공짜 사탕까지 먹어놓고 아무것도 사지 않는다는 게 어쩐지 미안한 마음이 들어, 한 사람당 커다란 사탕 한 봉지씩을 샀다. 종업원은 "다음에 또 방문해주십시오"라는 말로 손님들을 배웅했다.

이 사례에서 과자점 직원은 단체 여행객이 처음에 물건을 사지 않으려던 것에 대해 책망하는 대신 오히려 더욱 친절히 대했다. 내 집에 온 손님을 대하는 듯한 성의 있는 모습이 손님으로 하여금 부지불식간에 과자점의 친근한 분위기에 빠져들도록 만든 것이다. 누군가 나에게 1척(尺)만큼의 선심을 베푼다면 나는 그에게 1장(丈)만큼의 선심을 베풀라는 말이 있다. 그토록 호의를 받은 가게를 어찌 빈손으로 나갈 수 있겠는가?

TALKING WISDOM **자발적으로 나서서 도움을 주라**

남의 집에 방문하는 일은 사람들과의 교제에서 중요한 수단이며 이러한 기회는 남성일수록 더 많다. 당신이 남자일 경우, 용무로 인해 동성의 친구나 동료, 동창, 상사 등의 초청을 받아 그 집을 방문했을 때 그 집의 안주인과 잘 알지 못하거나 왕래가 많지 않았다면 어떻게 그녀의 환대와 호감을 얻을 수 있을지 생각해본 적이 있는가?

방문한 손님의 수가 많거나 혹은 손님 모두가 식사를 해야 한다거나 하룻밤을 묵어야 한다면 주부는 매우 바빠질 것이다. 음식을 사고, 다듬고, 과일을 씻고, 차를 따르고, 방을 치우는 등 해야 할 일이 산더미처럼 많아 손이 열 개라도 모자랄 것이다. 만약 아이가 한창 말썽을 부릴 나이라면 손님이 온 틈을 타 신나게 장난을 치느라 엄마를 더욱 정신없게 만들지도 모른다.

이러한 상황에서는 마치 자신이 대단히 높은 사람이라도 되는 것처럼 거드름만 피우고 앉아 있지 말고, 자발적으로 나서서 차를 따른다거나 야채를 씻거나 죽순을 손질하는 등 일을 거들어주면 좋다. 옷이 더러워져서는 안 되거나 움직이기 불편한 차림새라면 한쪽으로 물러나 주부가 움직이는 데 방해가 되지 않도록 하고, 필요하다면 남자 주인과의 대화를 멈추고 부인을 도와줄 것을 권할 수도 있다. 식사를 할 때는 부인에게도 함께 식사를 하자고 청하고, 그녀의 노고와 정성에 대해 감사의 뜻을 밝히도록 한다.

TALKING WISDOM 작은 배려로 인심을 사라

늘 야박하고 인색하게만 굴어서는 인심을 사기 힘들다. 그러나 조금만 신경 써서 작은 배려를 베푼다면 인심을 사고 호의를 얻기란 식은 죽 먹기이다.

어떤 사람이 한 전기회사에서 주최하는 강연회에 참석했다. 강연이 끝난 후 그는 무심결에 현재 자신의 어머니가 병원에 입원 중이라는 말을 했다. 다음 날, 강연회를 주최한 업체의 사장이 이 사실을 어떻게 알았는지, 그 사람의 모친이 입원한 병원으로 병문안을 왔다. 그는 주최자의 예기치 못한 호의에 놀라지 않을 수 없었고, 감격스러운 마음을 차마 말로 다 표현하지 못했다.

어떤 회사는 고객을 접대할 때면 언제나 그의 아내까지 함께 초대한다. 연회에 참석할 기회가 적은 부인들은 회사의 세심함과 친절에 감동하게 되고 그녀들의 이러한 감정은 자연히 남편들에게까지 전해진다. 결국 고객들은 자신도 모르는 사이, 이 회사에 대해 고마운 마음을 갖게 되는 것이다.

TALKING WISDOM 돈보다 중요한 것이 사람의 마음

제나라 재상이었던 맹상군孟嘗君의 문객 풍훤은 처음에는 맹상군의 눈에 들지 못해 불만을 가졌으나 후에 맹상군의 예우를 받게 되는 인물이다. 한번은 맹상군이 그의 영지인 설薛 땅에 사람을 보내 그곳 사람들에게 주었던 빚을 받아와야 했는데 풍훤이 자청하고 나섰다. 풍훤이 "받은 돈으로 무엇을 사야 합니까?"라고 묻자 맹상군은 "내 집에 없는 물건을 사오시오"라고 대답했다. 풍훤은 맹상군의 분부대로 설 땅으로 갔지만 돈을 한 푼이라도 받기는커녕 빚 문서를 모두 불태워버렸다. 가난에 허덕이던 백성들은 그것이 맹상군의 뜻이라 여기며 생각지도 못한 은덕에 모두들 감격하여 눈물을 흘렸다. 풍훤이 돌아온 후 맹상군이 물었다.

"이자는 어디 있소?"

풍훤은 대답했다.

"이자뿐 아니라 빚의 원금까지 탕감해주고, 빚 문서는 모두 소각하고 왔습니다."

그 말에 맹상군은 기분이 몹시 상했다. 풍훤은 아랑곳하지 않고 이어서 말했다.

"집에 없는 물건을 사서 돌아오라고 분부하지 않으셨습니까? 저는 이미 그것을 사가지고 왔습니다. 그것은 바로 '의義'입니다. 빚 문서를 불태워버린들 돈이 많은 군에게는 아무런 영향이 없지만 대신 인의를 사옴으로써 민심을 얻게 되었으니 이는 군에게 큰 이득이옵니다."

그로부터 수년 후, 맹상군은 모함을 받아 재상의 직위를 박탈당하고 영지인 설 땅에 돌아가게 되었다. 그곳 백성들은 맹상군이 돌아온다는 소식을 듣고 전부 길로 나와 양쪽으로 늘어서서 환영하며 그를 모시겠다는 뜻을 나타냈다. 맹상군은 매우 감격했고 풍훤이 사놓았다는 '의'가 무엇이었는지, 뒤늦게 그 깊은 뜻을 이해할 수 있었다.

TALKING WIS DOM 불쌍한 척 가장해서 동정받기

일부러 불쌍한 척해서 동정을 얻음으로써 목적한 바를 이룰 수도 있다. 어린 아이들은 아픈 척을 하거나 도움이 필요한 모습을 보여 어른들이 자신들의 요구를 들어주도록 만들고, 거지는 언제나 허름한 홑옷차림으로 동정을 사며, 심지어 직원을 해고하는 사장조차도 곤란한 티를 내며 괴로움을 토로해 상대방의 불만을 누그러뜨린다. 아이들이 엄살을 잘 부린다지만 실은 어른들도 그에 못지않다.

어느 날 점심 무렵, 아챠오는 남루한 옷차림을 한 노인이 어느 술집 앞에 고인 약 5센티미터 정도 깊이의 물웅덩이에서 낚시를 하는 것을 보았다. 아챠오는 호기심에 그 자리에 멈추어 섰다. 노인의 곁을 지나치는 사람들은 다들 이 노인이 제정신이 아니라고 생각했다.

아챠오는 측은한 마음을 감추지 못하고 부드러운 말투로 노인에게 말을 걸었다.

"어르신, 저하고 뭐라도 한잔하시겠습니까?"

노인은 기뻐하며 그의 요청을 받아들였다. 아챠오는 노인에게 음료수를 사준 뒤 물었다.

"어르신께서는 오늘 물고기를 몇 마리나 잡으셨어요?"

노인이 익살스럽게 대답했다.

"당신이 여덟 마리째요."

TALKING WISDOM 같은 말이라도 상대방의 마음에 들도록 하라

'아' 다르고 '어' 다르다는 속담이 있다. 똑같은 의미를 전달하더라도 피해야 할 말은 피하고, 무엇이 사람들의 일반적인 심리에 부합하는 쪽인지를 고려하여 말을 돌려 할 줄도 알아야 한다.

유쾌하게
떠들어라

수다가 언제나 사람들의 눈치를 받는 것은 아니며 어느 때 어떻게 사용하느냐에 따라서 유쾌한 분위기를 연출할 수도, 열성적인 관심을 표현할 수도, 상대방의 생각을 어지럽힐 수도 있다. 만약 당신이 주성치의 영화 〈서유기〉 속 승려처럼 끊임없이 말할 수 있다면, 당신은 이미 수다의 최고경지에 이르렀다고 할 수 있다.

사람들은 대개 수다스러운 사람에게 눈살을 찌푸리고 어떤 경우에는 대놓고 짧고 간결하게 말해줄 것을 요구하기도 하는데, 이것은 당연한 일이다. 그러나 특정한 상황에서는 수다라는 매개체가 대화에 활기를 띠게 할 뿐 아니라 재미를 더해주는 경우도 적지 않다. 또한 수다로 인해 말에 인정미가 넘치는 경우, 보통의 표현방법으로는 막을 수 없는 말다툼을 효과적으로 해결하기도 한다.

서비스업에 종사하는 사람에게 수다는 그 사람의 열정과 성실을 표현해주는 수단이 된다.

예를 들어보자. 한 아가씨가 급한 걸음으로 백화점에 들어서서 판매원에게 말한다.

"제가 어제 이 가게에서 신상품으로 나온 모자를 몇 가지 봐두었는데요, 돌아가서 동생에게 얘기했더니 무척 갖고 싶어 하네요. 아직 모자가 있나요?"

만약 판매원이 이 말을 듣고 간단히 "없는데요"라고 한마디로 잘라 대답한다면 손님은 매우 실망할 것이다. 그러나 이렇게 말한다면 어떨까.

"죄송합니다, 손님. 날도 더운데 헛걸음을 하시게 했네요. 정말 죄송합니다. 공교롭게도 어제 보고 가신 그 모자들은 나중에 오신 손님들이 전부 사가셨답니다. 그렇지만 걱정 마세요. 곧 재입고할 예정이거든요. 삼사 일 후에 다시 오신다면 수천 개의 모자 중에서 마음대로 고르실 수 있을 거예요. 만약 급하시다면 다른 상점에 가셔서 둘러보세요. 아마 아직 파는 곳이 있을 겁니다."

말을 잔뜩 늘어놓는 것이 수다스럽긴 하지만 손님은 여기서 판매원의 열성과 자상함, 넘치는 인간미를 느낄 수 있다. 이러한 판매원이 있다면, 손님들은 그 가게로 다시 한 번 발걸음을 옮기고 싶어질 것이다.

한편, 잘 알면서도 일부러 묻는 경우나 심심풀이 혹은 재미로 묻는 경우, 수다는 하나의 무기가 될 수도 있다.

남의 일에 참견하기를 좋아하는 사람이 있었다. 그는 언제나 다른 사람의 사적인 비밀을 캐내 가십거리로 각색해내곤 했다. 한번은 그가 자신의 이웃인 이씨가 일곱 살 연상의 아내를 맞았다는 사실을 알고는, 의도적으로 이씨의 집에 무슨 비밀이라도 캘 것이 없는지 살피러 찾아갔다. 그가 이씨에게 물었다.

"아내 되시는 분 나이가 어떻게 되죠?"

이씨는 좋은 의도로 물어본 게 아니란 것을 알고는 이렇게 대답했다.

"나이는 서른 살, 본적은 장시성江西省, 성별은 여, 나보다 나이가 일곱

210

살이 많고, 나는 아내보다 일곱 살이 적습니다. 아내의 나이에서 칠을 빼면 내 나이고 내 나이에서 칠을 더하면 제 아내의 나이지요. 아직 더 알고 싶은 게 남았나요, 경찰 나리?'

속사포처럼 쏟아지는 수다에 상대방은 결국 본전도 못 찾은 채 돌아설 수밖에 없었다.

일상에서 이런 식의 대답은 명백히 예의에 어긋나지만, 이런 사람에게는 한번 틈을 보이게 되면 질문이 끝도 없이 터져 나와 반대로 당하는 입장이 되기 때문에 어쩔 수가 없다.

외교에서도 수다에 능숙한 것은 하나의 능력이다. 원래 외교관은 중책을 맡은 입장이기에 말을 할 때는 단어선택 하나까지도 신중해야 한다. 그러나 어쩌다 말할 수 없거나 말해선 안 되지만 그러면서도 어쩔 수 없이 말하지 않으면 안 될 상황이 발생하기도 하는데, 그럴 때 외교관은 교묘히 수다를 이용할 수밖에 없다.

한번은 어느 기자가 미 국무부 대변인에게 캄보디아에 관한 비교적 민감한 질문을 던졌다. 대변인은 이렇게 대답했다.

"그 질문에 대해서는 할 말이 없군요. 성명을 통해 밝힌 것이 우리의 입장이고, 우리의 입장은 우리가 발표한 성명에 다 나와 있습니다."

대변인의 말은 이러한 상황에서는 가장 적절한 답변이었다.

위에서 열거한 바와 같이, 우리가 겪는 다양한 상황에서 수다를 무조건 배척할 수만은 없다. 적재적소에 사용되는 수다는 지혜다. 그리고 그 운용의 묘妙는 마음에 달려 있다.

능력을 감추고
어리석은 척하라

자신을 낮추고 총명함을 가벼이 드러내지 않는다는 난득호도의 철학은 예로부터 가장 뛰어난 처세의 도로 여겨져왔다. 세상에서 큰일을 이루어낸 사람들은 모두 많든 적든 이 난득호도의 지혜를 가지고 있었다. 어리석은 척, 바보인 척하는 법을 터득하는 것은 아둔한 바보가 되기 위함이 아니라 어리석음으로 총명함을 감추는 현자가 되기 위함이다.

바보는 원래부터 지혜가 얕아 하는 말마다 바보스럽고 하는 일마다 어리석다. 잘 진행되던 일도 이런 사람의 손에 떨어지면 흐지부지되거나 샛길로 빠지는데, 물론 이런 모습은 배울 필요가 없다.

그러나 정판교가 말한 난득호도難得糊塗, 어리석은 체하기는 어렵다에서 '호도', 즉 어리석음이란 그 자체가 하나의 학문이다. 그것도 고아하고 철학적 깊이까지 있는 학문이다. 여기서의 어리석음은 진짜 어리석음이 아니라 거짓 어리석음이다. 입으로는 바보 같은 말을 하고 얼굴은 멍청한 표정을 짓지만 행동은 바로 하는 것이다. 따라서 이러한 어리석음은 인간만이 가질 수 있는 최고의 지혜이자 총명함의 또 다른 표현이며, 복잡한 사회와 혼란스러운 환경에 적응하는 수준 높은 방식이다. 그러므로 때에 따라서는 말과 행동을 일부러 바보스럽게 꾸미고 한쪽 눈 혹은 두 눈을 다 감아버려도 무방하다.

　사람들은 난득호도의 지혜를 빌림으로써 자신을 보호함과 동시에 적당히 자신의 재능을 표현할 수 있으며, 자신의 넓은 도량과 범상치 않은 기개를 충분히 드러내 보일 수도 있다. 세상에서 큰일을 이루어낸 사람들은 모두 많든 적든 이 난득호도의 지혜를 가지고 있었다. 그러나 난득호도는 제법 심오한 인생철학이기에, 갑자기 그렇게 하고 싶어졌다고 해서 충동적으로 실천할 수 있는 것이 아니다. 여기에는 풍부한 사회경험과 복잡한 인간관계를 다루는 기술이 필요하다. 따라서 난득호도를 이루고자 하는 사람들에게는 '어떤 식으로 바보스러워질 것인가' 하는 문제가 주어진다.

TALKING WISDOM 재능 감추기

　사람은, 특히 남다른 재능을 지닌 사람이라면 더욱이 자신의 능력을 감추는 법을 배워야 스스로를 보호할 수 있으며 더불어 자신의 재능 또한 충분히 발휘할 수 있다.

　지나치게 자신의 재능을 드러내다 신변에 화를 초래한 전형으로 과거 신하된 자들이 높은 공을 내세워 자신의 주군까지 뒤흔들어놓으려던 사례들을 꼽을 수 있을 것이다.

　봉건사회에서 천하를 놓고 쟁패를 벌일 때 각지의 영웅들은 한 장수의 휘하에 모여 아낌없이 기량을 뽐냈다. 물론, 그 장수 역시 천하를 손에 넣겠다는 야심을 실현시키기 위해 영웅들의 힘을 빌려야만 했다. 그러나 이러한 용맹한 장수와 총명한 신하의 재능은 황제가 된 후에도 사라지는 것이 아니어서, 나중에는 그들의 능력이 도리어 황제의 골칫덩이가 되는 것이 정해진 순서였다. 그 때문에 위협을 느낀 황제가 개국 초기 공신들을 제거하는 일이 빈번했으니, 이것이 이른바 사냥이 끝나면 사냥개는 삶아 먹는다는 토사구팽兔死狗烹의 이치다. 한신韓信의 죽음이나 명태조明太祖가 경공루慶功樓를 태운 일 등이 모두 그러하다.

『삼국연의』를 읽은 사람이라면 유비가 죽은 후로는 제갈량의 업적이 이전만큼 크게 두드러지지 않는다는 점을 느꼈을 것이다. 제갈량은 유비가 살아 있을 때만큼 높은 학식을 내세우지도 풍부한 경륜을 발휘하지도 않았다. 대신 제갈량은 매사를 신중히 처리하며 나라를 위해 온 힘을 바치는 한편, 천자를 등에 업고 위세를 부린다는 꼬투리를 잡히지 않기 위해 일 년 내내 전쟁터에 나가 있음으로써 그 가능성을 미리 차단했다. 게다가 그는 자신의 재능을 숨기고 일부러 스스로를 늙고 쓸모없어진 것처럼 내보여 자신에게 화가 미치는 사태를 면했다. 이는 재능을 감추고 때를 기다리고자 한 제갈량의 현명한 지략이었다.

자신의 능력을 드러내지 않다가 영영 중임을 맡지 못할지도 모르지만, 지나치게 자신의 재능을 뽐내다보면 주위에 모함하는 자가 생기기 쉽다. 일시적인 성공은 쉽게 얻을지 몰라도 이는 스스로 제 무덤을 파는 격이다. 재능을 펼쳐 보이는 순간 위기의 씨앗도 심게 되는 것이다. 그러므로 재능을 드러내는 것도 적정한 수준에서 그쳐야 한다.

TALKING WISDOM 실성한 척하기

위험이 눈앞에 닥쳤을 때는 바보스러운 행동으로써 위기를 모면하고 자신의 목적 또한 보전할 수 있다. 명나라 건국 초기, 주원장은 천하를 지키기 위하여 조정 및 지방의 관료들이 부패를 저지르거나 황실의 이익에 심각한 해를 끼치는 행위를 할 경우 가차 없이 엄중한 형벌을 내렸다. 주원장이 내린 야만스럽고 잔혹한 형벌은 그 정도가 역사상 어느 황제보다 심했다. 죽음을 피하기 위해 부득이 실성한 척해서 처벌을 모면하는 관료도 있었다. 어사 원개袁凱가 바로 그런 사람이었는데, 그는 주원장의 노여움을 사자 참형이 두려워 곧바로 미친 척을 했다. 그가 잔꾀를 부린다고 생각한 주원장은 실성하면 고통을 느끼지 못하는 법이라고 말하며 사람을 시켜 나무송곳으로 그의 피부를 찌르게 했지만, 원개는 이를 악물고 끝까지 신음하지 않았다. 주원장은 일단 원개를 돌려보냈지만 그래도 믿지 못해 사람을 시켜 알아보게 했다. 원개는 집에 돌아온 뒤 쇠사슬로 자기 목을 채우고 지저분한 모양새로 끊임없이 정신 나간 듯 중얼거렸다. 그는 자기 집에 찾아온 사람이 월아고月兒高의 곡조를 흥얼거리는 것을 똑바로 보면서도 울타리 옆에 엎드려 개똥을 먹기까지 했다. 주원장은 사자使者의 보고를 듣고서야 추궁을 멈추었다. 주원장이 원개에게 속임을 당한 것이었다. 사실 원개는 황제가 자신이 미쳤다는 것을 믿지 않고 사람을 보내 조사를 시킬 것을 알고서 사전에 밀가루와 물엿을 섞어 개똥 모양으로 빚은 뒤 울타리 아래 뿌려놓았다. 그러다 황제가 보낸 신하가 도착하자 그 앞에서 먹음으로써 목숨을 부지할 수 있었다.

바보 흉내를 낸다는 것도 얼마나 고통스럽고 어려운 일이겠는가. 그러니 생명이 위급한 순간이 아니라면 가벼이 이런 행동을 해서는 안 될 것이다.

중국중앙텔레비전CCTV에서는 '제1회 외국인을 위한 중국어 경연대회' 라는 특별 프로그램을 방영했다. 한 미국인이 중국어 지식에 관한 내용이 들어 있는 완전한 에피소드를 중국어로 이야기하라는 규칙에 따라 다음 과 같이 말했다.

"어느 날 저는 한 중국인 친구의 집을 방문하게 되었습니다. 그는 저에 게 점심을 먹고 가라고 했지요. 저는 식사준비가 번거로울 테니 괜찮다고 했습니다. 그러자 그가 제대로 손님대접을 하는 것도 아니고 그저 간단한 식사便飯를 준비하는 것이라며 번거롭지 않다고 했어요. 그래서 제가 말했 죠. '그러면 대변밥大便飯말고 소변밥小便飯으로 해먹자. 대변밥도 만들려면 여간 번거로운 게 아니잖아'라고요."

그의 이야기가 끝나자 무대 아래 관중들은 박장대소를 터뜨리며 웃느 라 허리를 펴지 못했다.

표면적으로는, 중국에서 간단히 먹는 식사를 일컫는 '편반便飯'이라는 명사가 중국어 문법상 형용사인 '소小'나 '대大'와는 결합될 수 없다는 이치 를 이해하지 못한 데서 일어난 에피소드처럼 보일 수도 있다. 그러나 실 제로 그는 정말로 그 사실을 몰랐던 게 아니다. 단지 알면서도 일부러 중 국어의 조어습관을 어기고 다른 뜻으로 해석이 가능한 '便(편, 변)'이라는 한자를 이용해 유머의 소재로 삼은 것뿐이었다.

여기서 말하는 동문서답이란 질문에 답하는 사람이 형식상으로는 상대방의 물음에 대꾸하는 것처럼 보이지만 실제로는 고의로 논리에서 벗어나는 엉뚱한 대답을 전달함으로써 유머를 만들어내는 것을 말한다. 동문서답을 하는 이유는 그 사람이 잘못 알아들었거나 헷갈렸기 때문이 아니라 틀리는 것처럼 가장하여 숨어 있는 의도를 유머러스하게 전달하고자함이다.

언젠가 UN총회 휴식시간에 한 선진국의 외교관이 아프리카 국가의 대사에게 물었다.

"아프리카는 사망률이 높지요?"

그러자 아프리카 대사가 대답했다.

"귀국貴國과 같습니다. 모든 사람이 한 번은 죽으니까요."

외교관의 물음은 전 지구적 관점에서 본 아프리카의 낙후성에 대해 시비를 거는 것이었다. 이에 아프리카 대사는 질문의 요지는 무시한 채 일부러 사망률을 개인의 문제로 돌림으로써 독특한 유머를 만들어 상대 외교관의 오만에 부드럽고 효과적으로 반격하여 자국의 위상을 지켰다.

동문서답은 요령이 중요하다. 상대방 질문의 표면적인 형식과 연관성을 갖는 사물을 포착한 뒤 빠르게 본질적 영역을 회피하여 대화의 논리적 연속성을 중단시키고, 거기에 생뚱맞게 새로운 의미를 덧붙여 대답함으로써 피동적이고 곤혹스러운 국면에서 벗어나는 것이다.

TALKING WISDOM 못 알아들은 척하기

못 알아들은 척하기는 다른 사람의 말을 듣지 못했거나 소리가 똑똑히 들리지 않은 척 가장함으로써 진실을 외면하고 공세를 취할 수 있게 하는 임기응변식 대처법이다. 이 방법의 특징은 전달된 정보 자체에 대한 반박보다는 오히려 공격을 통해 상대방의 화제를 다른 곳으로 돌려 난감한 국면이 지속되지 못하도록 차단시키는 데 있다. 이런 방식을 쓰면 마찰을 빚지 않고도 상대를 누를 수 있다.

TALKING WISDOM 모르는 척하기

청자가 화자의 말 속에 숨은 뜻을 이해하지 못하는 척한다면 상대방은 손쓸 도리가 없다.

예를 들어 이런 경우를 생각해볼 수 있다. 어린 샤오밍이 아빠에게 말했다.

"아빠, 오늘 샤오웨이는 아빠랑 같이 놀러 갔다 왔대요."

그러자 샤오밍의 아빠가 대답했다.

"응, 그랬구나."

샤오밍의 말은 자기도 친구처럼 아빠가 데리고 놀러 가줬으면 하는 마음에서 나왔다. 샤오밍의 아빠도 그런 아들의 마음을 꿰뚫어 보았지만 일부러 못 알아들은 척한 것이다.

자신의 장점을
부각시켜라

오늘날과 같이 치열한 경쟁사회에서는 자신의 능력이나 이뤄낸 업적을 스스로 내세우지 못하면 능력이 아무리 뛰어나다 하더라도 세상에서 빛을 발하지 못하고 묻혀버리기 십상이다. 그러므로 자기 일에 최선을 다하는 동시에 자기 자신을 포장하는 법도 배워야만 한다.

자신을 포장할 때는 다음의 몇 가지 사항을 유념해야 한다. 첫째, 빛을 발할 기회가 자주 오는 것이 아니니 늘 사람들에게 새로운 재능을 보여 당신을 흔히 얻을 수 없는 인재로 여기도록 해야 한다. 둘째, 평소 기회를 얻기 위해 너무 많이 애를 쓰다보면 경솔하게 재주를 뽐내려 한다거나 혹은 너무 쉽게 큰소리치는 사람으로 보일 수도 있다. 셋째, 손에 넣을 수 없는 물건이 가장 좋은 법이니 너무 쉽게 자신을 드러내거나 요청에 응하지 말고 신비감을 유지하여 늘 나에게서 관심이 떠나지 않도록 만들라. 넷째, 자신의 장점을 발굴하여 부각시키고 단점은 숨겨라.

중요한 순간에 능력을 발휘하라

미국의 철강왕 앤드류 카네기는 펜실베이니아 철도회사의 전신기술자였다. 어느 날 아침, 조차장操車場의 선로에 예기치 못한 사고가 나서 열차 운행에 혼란이 생길 위기에 닥쳤다. 그의 상사는 아직 출근 전이었다. 어떻게 해야 할까? 그에게는 열차의 통행장애 발생 시 그로 인한 혼란을 즉각 처리할 권한이 없었다. 만약 그가 권한을 넘어서서 대담하게 명령을 내린다면 최소한 해고를 당하거나 심각한 경우 쇠고랑을 차게 될지도 모를 일이었다.

보통 사람이었다면 '이건 내 일도 아닌데 무엇 때문에 나서서 문제를 일으키겠는가?'라고 생각할 것이다. 그러나 카네기는 결코 뒤로 물러나 방관만 할 수 없었다. 그는 허락 없이 자신의 판단대로 지시를 내리고, 문서상에는 상사의 이름으로 사인을 남겼다.

상사가 사무실로 출근했을 때 선로는 마치 아무 문제도 없었던 것처럼 종전과 같이 정리되어 있었다. 상황을 잘 판단하여 대처한 청년 카네기는 뛰어난 일처리 덕분에 상사로부터 크게 칭찬을 받았다.

사장은 이 보고를 듣고 그를 즉시 본사로 발령함과 동시에 직급을 몇 급이나 승진시켜 중임을 맡겼다. 이후 그가 승승장구하며 성공을 거두는 것을 그 누구도 막을 수 없었다.

유명인사와의 친밀한 관계를 부각하라

태연하게 권력자의 주위를 맴도는 모습은 사람을 쉽게 착각에 빠지도록 만든다. 한때 일본의 모 종합상사 부사장을 역임했던 가이후 지로라는 사람은 모든 이가 인정하는 재주꾼이었던 동시에 진정한 속임수의 천재였다. 자신이 매우 잘나가는 사람처럼 보이기 위해 그는 늘 한 번도 만나본 적 없는 거물들의 이름을 마치 그와 친한 것처럼 자주 들먹거렸다. 그는 늘 사람들에게 "방금 다나카 씨가 나에게 전화를 했는데……" 혹은 "방금 후쿠다 다케오전 일본 총리의 기자간담회에 다녀왔지"라는 식으로 말했다.

유명인사의 이름을 격의 없이 부르는 것은 자신의 가치를 높이는 하나의 수단이 되기도 한다. 어떻게 사람을 칭하느냐에 따라서 두 사람의 친밀한 정도가 나타나기 때문이다. 만약 당신이 다나카 수상의 이름을 빌려 자신의 가치를 높이고 싶다면 수상이라는 칭호 대신 다나카 씨라고 부르는 것이, 또 다나카 씨라고 부르는 것보다는 다나카라고 부르는 것이 효과가 크다. 바꿔 말하면 격의 없이 부를수록 나와 유명인사가 허물없는 사이라는 인상을 사람들에게 줄 수 있기 때문이다.

그러나 이 방법은 반드시 구체적인 상황을 봐가며 써야 하고, 이름이 거론되는 그 사람에 대해 상당한 정보를 가지고 있어야 한다. 그렇지 않으면 일을 그르치거나 실상이 드러나 오히려 체면이 깎이고 사람들에게 더욱 무시당할 수도 있다.

TALKING WISDOM 신비감을 조성하라

언제나 손에 넣을 수 없는 물건이 가장 값진 법이다. 왜냐하면 상상력은 시력보다 강하기 때문이다. 중요인물은 언제나 신비감을 유지하기 위해 대중 앞에 모습을 드러내는 횟수를 줄이고 대중의 구미를 당기게 만든다. 사자 같다고 느끼던 사람도 일단 가까워지기만 하면 위엄을 잃고 결국 쥐처럼 얕보일 수 있기 때문이다.

TALKING WISDOM 바쁘다는 것을 강조하라

"요즘 바빠서 정신이 없네요", "하루 이십사 시간이 부족해요" 같은 말을 많이 하면 사람들에게 당신이 성공했다는 인상을 심어줄 수 있다. 실제로 사회에는 명성과 실제가 부합하는 사람이 그리 많지 않다. 어떤 사람들은 누가 근황을 물어오면 생각할 겨를도 없이 "아주 바쁘답니다! 하루가 어떻게 가는지, 시간이 너무 모자라요"와 같은 말을 하며 얼굴에는 만족스러운 표정을 드러낸다.

만약 상대방이 "어이구, 노고가 많으시네요"라거나 "유능한 사람일수록 바쁜 법이지요"라고 말한다면 목에 힘이 절로 들어가더라도 겉으로는 겸손한 척 대답한다.

"일이 너무 많아 힘들어요."

말투는 불만스럽지만 속으로는 뽐내고 있을 것이 틀림없다. 바쁜 생활에 대해 상대방이 개의치도 않겠지만 괜한 푸념을 늘어놓음으로써 자신이 막중한 임무를 맡고 있으며 평범한 일을 하는 사람이 아님을 알리는 것이다.

이러한 유형의 사람들은 대개 자신이 바쁘다는 것을 강조하여 자신의 능력을 과시하고 가치를 높이고 싶어 한다.

TALKING WISDOM 빽빽한 수첩과 주소록을 보여라

만약 여백이 보이지 않을 정도로 꽉 찬 주소록과 수첩을 무심코 다른 사람에게 보였을 경우, 상대방은 '이 사람은 정말 능력 있는 사람이구나' 라는 생각을 하게 될 것이다. 왜냐하면 세상 사람들은, 하루 종일 바쁘고 교제가 광범위한 인사들 대부분을 유능한 인재라고 평가하기 때문이다. 그러므로 이 또한 자신의 몸값을 높이고자 할 때 도움이 되는 방법일 수 있다.

TALKING WISDOM 웅대한 포부를 얘기하라

외국의 한 유명 작가가 젊은 시절 함께 일했던 동료를 소개하는 작품을 잡지에 발표한 적이 있다. 그 동료는 젊었을 때부터 큰 포부를 가지고 있었다. 그는 늘 사람들에게 "나는 앞으로 꼭 국회의원이 될 겁니다"라고 말하곤 했다. 그 동료는 지금까지도 여전히 국회의원의 꿈을 이루지 못했다. 그러나 당시 많은 동료들은 "그 사람은 정말 비전 있고 포부가 대단한 사람이야"라고 말했다. 심지어 회사에서도 이렇게 패기 넘치는 사람이 우리 회사에서 일하다니, 이런 인재를 얻은 것은 회사의 행운이라며 그에게 후한 평가를 내렸다. 따라서 그는 빠르게 부장으로 승진했고 얼마 안 가서 그 회사의 사장이 되었다.

타인이 자신을 우러러보게 하는 방법은 많지만, 그중에서도 가장 좋은 방법은 자신이 다른 사람들보다 훨씬 전도유망하다고 느끼게 하는 것이다. 당신의 성장 잠재력을 보여주기 위해 먼저 야심차고 웅대한 청사진을 그려라. 설령 그 청사진이 전혀 실현 불가능한 것일지라도 사람들에게 좋은 인상은 심어줄 수 있다. 예를 들어 동료나 친구들에게 "나는 앞으로 독립해서 회사를 세울 거야. 꼭 이 계획을 실현시키고야 말겠어"라고 말하고, 이를 계속해서 반복한다고 치자. 그러다보면 처음에는 그다지 믿지 못하던 사람조차 자신도 모르게 '절대 얕봐서는 안 되겠다. 이 사람은 정말로 대단한 사업을 해낼지도 몰라'라고 생각하게 된다. 미래의 CEO를 친구로 둔다면 나중에 덕을 볼 수도 있고 남들 앞에서 자신을 포장하는 데도 도움이 될 수 있으니, 일거양득 아니겠는가.

TALKING WISDOM 차림새에 신경 써라

차림새와 관련해 어떤 남자에게 일어난 에피소드를 소개하고자 한다. 이런 상황은 누구에게나 일어날 수 있으므로 깊이 생각해볼 필요가 있다.

어느 여름날 저녁, 한 남자가 홍콩에서 온 손님과 호텔에서 만나기로 했다. 호텔이 그의 집에서 가까웠기 때문에, 그는 단정하고 격식 있는 옷차림이 아닌 집에서 입고 있던 낡은 면 셔츠를 입고 약속장소로 갔다. 호텔 입구에 있던 경비원은 그의 초라한 차림새를 보고는 그에게 꼬치꼬치 캐물었다. 호텔 직원의 태도에 그는 순간 매우 난감했다. 그가 화난 얼굴로 경비원에게 몇 마디 하자 경비원은 사과를 하며 조용히 물러났지만, 그의 심기는 여전히 불편했다. 그가 친구를 만나 이 일을 얘기하자 친구는 웃으며 말했다.

"자네 차림새가 보기 좋은 건 아니구먼."

이 일이 있은 후로 남자는 격식을 차려야 할 장소에 갈 때면 아무리 바빠도 그럴듯한 옷으로 갈아입고 나갔다.

사실 사람의 차림새는 매우 중요하다. 이는 체면과도 관련된 문제이므로 경제적 여건이 된다면 격식 있는 의복도 몇 벌 마련하여 남들 앞에서 괜한 무시를 당하는 일이 없도록 해야 한다.

TALKING WISDOM 자신만의 특색을 살려라

어느 마을에 한 부부가 이사를 왔는데, 농촌에서 도시로 이사를 온 데다 남편이 환경미화원이라 그런지 일부 이웃들이 그들을 몹시 하찮게 여기며 텃세를 부렸다. 세월은 흘렀고, 부부는 몇 년 동안 전병煎餅 장사를 해서 꽤 많은 돈을 모았다. 아이들도 장성해 모두 독립한 터라 부부는 방 두 칸짜리 단층집을 개조해 집을 크게 넓혔다. 그들은 수천 위안이나 하는 장식장 세트를 사는 대신 고향의 목공들을 불러다 도시에서는 보기 힘든 둥근 등받이 의자와 목재 테이블을 만들었다. 부부는 시간적 여유가 많았기 때문에 젊은 시절을 회상해가며 자신들의 집을 매우 특색 있게 꾸몄다. 거기다 남편의 시원시원하고 쾌활한 산둥 말투와 아내의 조곤조곤하고 감칠맛 나는 수다까지 더해져, 두 사람은 푸근한 고향의 정서를 듬뿍 느끼며 만족스럽게 생활했다. 또한 이내 이웃들과도 정감 넘치는 문화적 분위기를 함께 나누며 살게 되었다.

TALKING WISDOM 남을 돕는 것을 기쁘게 여겨라

사람은 누구나 실패할 때가 있다. 실패했을 때 승리자에게 먼저 손을 내밀어 따뜻하고 진심 어린 마음으로 축하해준다면 사람들은 그 실패자의 넓은 도량에 감동할 것이다.

만일 당신이 주위의 늙고 병들고 약한 사람들에게 관심을 보여 약자에게는 도움의 손길을, 불행한 자에게는 동정을 보여준다면 타인들은 당신을 선량한 사람으로 생각할 것이고 그들 마음속에 그려진 당신의 이미지도 향상될 것이다.

주도면밀하게
움직여라

어떤 말을 하든 혹은 어떤 일을 하든 주도면밀하게 고려하고 충분한 준비과정을 거쳐야 나중에 걱정거리가 없다. 말이 막히거나 일이 안 풀릴 때를 대비해 빠져나갈 수 있는 대책을 미리 남겨두어야 한다. 그렇지 않으면 진퇴양난의 막다른 골목으로 몰릴 수도 있다.

어느 날 이리 한 마리가 산기슭에서 여러 동물들이 지나다니는 동굴 하나를 발견했다. 이리는 매우 기뻐하며 이 동굴 앞을 지키기만 하면 사냥감을 잔뜩 잡을 수 있겠다고 생각했다. 그래서 동굴의 한쪽 입구를 막은 후 동물들이 목숨을 내놓기만을 기다렸다.

첫째 날, 이리는 양 한 마리가 동굴로 들어가는 걸 보고 냉큼 쫓아갔고 양은 필사적으로 도망쳤다. 순간 양은 빠져나갈 수 있는 작은 구멍을 발견하고는 그곳을 통해 황급히 달아났다. 이리는 화가 나서 냅다 그 구멍을 막아버린 뒤 다시는 다 된 밥에 재 뿌리지 않으리라 다짐했다.

둘째 날, 이번에는 토끼를 전력으로 쫓았다. 하지만 토끼는 동굴 옆쪽에 있던 더 작은 틈으로 빠져나가 목숨을 건졌다. 화가 난 이리는 동굴을 샅샅이 뒤져 크고 작은 구멍들을 전부 막아버렸다. 이리는 동굴이 이제

한 치의 틈새도 없이 완벽해졌으니 양이나 토끼는 말할 것도 없고 작은 새들조차 도망갈 수 없을 거라며 뿌듯해했다.

셋째 날에는 다람쥐가 들어왔다. 이리는 나는 듯이 달려가 다람쥐를 덮치려 이리저리 뛰어다녔다. 그러나 끝내는 다람쥐 역시 동굴 천장의 통로로 도망가버렸다. 이리는 화가 머리끝까지 나서 재차 동굴 안에 있는 틈이란 틈은 모두 막아 동굴 전체에 물 한 방울조차 새지 못하게 만들고는 자신이 취한 조치에 매우 득의양양해했다.

그러다 넷째 날, 예상치 못했던 호랑이가 들어오자 이리는 기겁을 하더니 이리저리 날뛰면서 정신없이 도망을 쳤다. 그렇지만 호랑이는 이리를 끝까지 쫓았고, 이리는 동굴 안에서 아무리 뛰어보아도 출구가 없어 달아날 수가 없었다. 결국, 이리는 호랑이에게 잡아먹히고 말았다.

이 이야기에서 이리가 끝내 참혹한 최후를 맞은 것은 자신이 도망칠 여지마저 남기지 않고 모든 퇴로를 막아버린 탓이었다. 바꿔 말하면 이리는 사냥감을 잡을 생각만 했지, 자신이 사냥감이 될 수도 있다는 생각은 하지 못하고 모든 상황을 면밀히 검토하지 않았던 것이다.

고대 병법 중에 위전危戰이라는 것이 있는데, 이는 위험이 잠재된 환경에 놓였을 때의 전술을 말한다. 다시 말해 안전할 때 미리 위험을 알아채고 예방조치를 취하는 것이 바로 위전의 전술이다. 『손자병법』에서는 승리를 얻고 싶으면 실패의 가능성을 잊어서는 안 된다고 말한다. 안전한 순간에도 위험을 생각하고 실패를 가정해, 대비책을 먼저 강구해놓으라는 뜻이다. 확실한 승리를 위해서는 신중을 기함으로써 환난을 미연에 방지할 수 있어야 하며, 사전에 대비를 하면 불필요한 걱정을 덜 수도 있다.

전국시대에 지백智伯이란 자가 위나라를 치기 위한 미끼로 위왕에게 말

400필과 백옥 한 덩이를 보냈다. 위왕은 매우 기뻐하였고 신하들도 서로 축하하며 즐거워하는 분위기였는데 오직 남문자南文子라는 신하만이 근심 스러운 표정을 짓고 있었다. 위왕이 그에게 물었다.

"대국에서 우리와의 친선을 위해 이처럼 좋은 선물을 보내왔는데 공의 얼굴엔 근심이 가득하니 무슨 이유요?"

남문자가 대답했다.

"공이 없는데도 받는 상이나 노고를 들이지 않았는데도 얻는 예물은 깊이 생각하지 않으면 안 됩니다. 이런 귀한 선물을 보내는 일은 마땅히 소국이 취해야 할 예입니다. 그런데 오히려 대국이 이러한 호의를 보였으니 대왕께서는 이 점을 유의하시어 미리 경계를 하심이 옳을 것입니다."

위왕은 남문자의 말을 듣고 국경수비를 강화하도록 일렀다. 그 후 과연 지백이 군사를 이끌고 위국으로 쳐들어왔다. 그러나 지백이 국경에 이르러 보니 위국은 이미 만반의 태세를 갖추고 있었다. 지백은 "위국에 현인이 있어 나의 계략을 미리 알아챘구나"라고 말하며 철군했다.

'공이 없는 녹은 받지 말라'는 속담이 있다. 지백이 위나라에 많은 선물을 보낸 데는 분명 다른 속셈이 숨어 있었다. 지백이 겉으로는 위나라에 우호적인 태도를 보이고 있지만 속으로는 위를 공격하려는 진짜 목적을 숨기고 있다는 사실을 남문자는 이미 간파한 것이다.

실생활 속에도 지백과 같은 사람들이 있다. 그들은 표면적인 호의로 상대방의 마음을 움직여 경각심을 늦추게 한 뒤 부지불식간에 상대방으로 하여금 자신이 의도한 행동을 취하게 만든다. 남문자는 다른 사람이 절대로 아무 이유 없이 호의를 베풀지 않는다는 사실을 똑똑히 알고 있었기에 지백의 행동을 처음부터 경계했던 것이다. 일반적인 관념이나 상식에 어굿나는 일이 있다면, 그 원인을 분명히 밝혀냄으로써 유비무환의 자세를 견지할 수 있다.

일을 처리할 때는 성공의 일면만을 꿈꿀 것이 아니라 실패와 손실이라는 또 다른 일면을 더욱 중히 고려해야 한다. 이 둘을 고루 살펴야만 일에 빈틈이 없어질 것이다. 최대한의 노력을 기울여 좋은 결과를 얻어내는 동시에 실패에 대한 심적, 물적 대비와 임기응변의 조치를 사전에 마련해두어야 한다. 늘 이러한 태도를 잃지 않고 천변만화千變萬化에 대응한다면 언제나 실패가 아닌 성공을 맛보게 될 것이다.

TALKING WISDOM 성공과 실패 모두에 대한 마음의 준비가 필요하다

사람을 사귈 때나 일을 부탁할 때 모두 성공과 실패의 두 가지 가능성이 존재한다. 성공만 생각하고 실패를 고려하지 않는 것은 객관적이지도 현실적이지도 못한 태도다.

유능하고 성숙한 사람은 어떤 일을 하게 되면 그 전에 두 가지 준비를 한다. 그들은 일을 하기 전에 늘 마음속에 이미 사후에 일어날 일을 그려놓기 때문에 일의 결과가 순조롭게 풀리더라도 우쭐거리거나 자만하지 않으며, 일이 좌절되더라도 비관하고 실망하거나 불평불만을 늘어놓지 않는다. 이들이야말로 마음이 올바르고 정신이 건강한 사람들이다.

예를 들어, 오늘날처럼 시장에서의 경쟁이 극심한 사회에서는 돈이 최고의 가치를 지니기 때문에 돈과 관련된 부탁이라면 온갖 복잡한 흥정이 오가게 마련이다. 이러한 흥정에서 냉정하고 성숙하게 대처하기 위해서는 두 가지 상황에 대한 준비를 모두 하여, 성공의 기대치를 너무 높게도 낮게도 잡지 말아야 한다. 기대치가 지나치게 높을 경우 협상 전에 필요한 자료준비나 대책마련에 소홀하게 되어 결국에는 '부주의하여 형주를 잃다_{大意失荊州, 관우가 지나치게 마음을 놓고 있다가 전략적 요충지인 형주를 잃었다는 고사에서 유래된 속담}'라는 중국 속담처럼 미처 손쓸 새도 없이 상대의 술책에 빠질 수 있다. 이와는 반대로 기대치를 너무 낮게 잡으면 처음부터 자신감을 잃고 주눅이 들거나 맥을 못 추어서, 자신의 우세를 내주고 상대에게 끌려 다니기만 할 수도 있다.

TALKING WISDOM 성공하지 못한다면 어떻게 할 것인가를 생각하라

목적을 달성할 수 있는지의 여부에 대해 생각하자면 우선 불리한 요소부터 심각하게 가늠할 필요가 있다.

선난후이_{先難後易}라는 말이 있다. 처음에 힘들면 나중에는 쉬워진다는 뜻으로, 어떤 일이든 사전에 불리한 요소들을 충분히 예측해서 번거로운 문제를 미리 제거해야 나중에 일이 수월해짐을 의미한다. 왜냐하면 일에 착수하기 전에는 아직 변화에 대처하고 진로를 수정할 여지가 있기 때문이다. '쌀이 익어 밥이 되고 난 후에는' 되돌리려 해도 이미 늦다.

TALKING WISDOM 상황 변화에 따라 유연하게 대응하라

세상물정을 파악하는 데는 한계가 있으며 누구나가 제갈량이 될 수는 없기에, 매사에 임할 때 차분하게 계산하고 따져보아야 한다. 따라서 실천하는 중에 배우고, 실천하는 중에 행동을 조절하는 것은 매우 중요하다.

이는 곧 때와 장소, 상황에 따라 자신의 기대치를 재조정하여 시기적절하게 변화된 조치를 취해야, 실패를 모면하거나 혹은 실패의 가능성을 최소화시킬 수 있다는 것이다. 희망을 어느 한 점에 못 박아두지 말고, 상황이 변하면 나도 변하고 사람이 바뀌면 나도 변한다는 태도를 가져야 한다. 성공의 가능성이 줄어들면 일보 후퇴하거나 방향을 곧바로 전환하라. 반대로 성공의 가능성이 커지면 더욱 용기를 가지고 최선을 다해 끝까지 쟁취하라.

사람들은 "일이 뜻대로 성공하기를 빕니다", "모든 일이 뜻대로 되시기를 바랍니다"라는 말을 자주 한다. 이는 물론 훌륭한 덕담이다. 당사자의 입장에서도 당연히 일이 좋은 방향으로 나아가기를 바란다. 그러나 일단 행동을 시작하게 되면 여러 방면에서 고려해야 할 요소들이 적지 않다. 그중에서도 중요한 점은 구체적인 상황 변화에 따라 기대치를 조정하여 일관된 심리상태를 유지하고, 올바른 행동과 건전한 경쟁을 하는 것이다. 그렇게만 할 수 있다면 실패의 위험으로부터 한 걸음 멀어지면서, 동시에 성공의 희망으로 한 걸음 더 가까이 갈 수 있을 것이다.

사람을
너무 쉽게 믿지 말라

사람을 믿는다는 것은 잘못된 일이 아니지만 무조건적인 신임은 때로 치명적인 실수를 불러오기도 한다.
사람을 사귈 때는 믿어주어야 할 사람은 믿되, 만일의 경우에 대비하여 별도의 수단을 준비해두어야 한다.
무방비한 상태로 일단 문제가 일어난 뒤에는 모든 것이 늦는다.

다른 사람을 지나치게 믿고 경계를 소홀히 했다가 결국 목숨까지 잃는 사람도 있다. 은통殷通의 죽음이 바로 그러한 예이다.

항우項羽는 어렸을 때 부모를 잃고 숙부인 항량項梁의 손에 길러졌다. 그런데 항우는 공부도 하지 않고 무예도 익히지 않았다. 항량은 그의 이런 모습에 매우 화가 났다.

"얘야, 그렇게 아무것도 하지 않다가 장차 무엇이 되려고 그러느냐?"

항우가 답했다.

"책은 읽어 무얼 합니까? 자기 이름이나 쓸 줄 알면 되지요. 그리고 검을 익히면 비록 내 몸을 보호할 수는 있지만 그건 겨우 한 사람의 적만을 물리칠 수 있을 뿐 아닙니까. 제가 배우고자 하는 것은 바로 만 명을 한꺼번에 물리칠 수 있는 기술입니다."

그리하여 항량은 그에게 많은 용병술과 지략을 가르쳐주었다.

진시황이 세상을 떠날 때쯤, 항우의 나이는 20세가 넘어 있었다. 재기가 넘치고 대업을 이루기에 좋은 시기였다. 그리하여 항우는 숙부인 항량의 계획 아래 한 가지 큰일을 벌였다. 당시 회계會稽의 태수는 은통이라는 호걸이었는데, 진시황이 죽자마자 그는 대장부로서 공을 세울 시기가 왔다고 굳게 믿고 사람을 시켜 좋은 친구인 항량을 불러와 큰일을 도모하고자 하였다. 은통이 큰일을 앞두고 항량을 찾았다는 사실에서 볼 수 있듯이 항량에 대한 그의 신임은 매우 두터웠다.

은통이 항량에게 말했다.

"진시황은 죽었고 각지에서 군웅이 할거하고 있으니, 이는 진秦을 멸하고자 하는 하늘의 뜻이 아니겠소. 나는 이 기회를 틈타 군사를 일으킬 생각이오. 그대의 생각은 어떠하오?"

이는 항량의 마음에 꼭 드는 말이었다. 그리하여 그는 은통에게 힘을 보태겠다는 뜻을 밝혔다. 그리고 두 사람은 당시 이름을 날리던 영웅인 환초桓楚와 합세하는 문제에 대해서도 상의했다.

항량이 말했다.

"안타깝게도 저는 지금 환초의 행방을 모릅니다. 그가 죄를 짓고 난 뒤그의 고향으로 도망가버렸기 때문입니다. 그러나 제 조카 항우는 아마도알고 있을 것입니다. 제가 내일 그 아이를 데려올 테니 그에게 직접 물어보시지요."

다음 날, 항량은 항우에게 검을 가지고 뒤따르게 하였다. 은통의 방 앞에 이르러 항량이 항우에게 몇 마디를 건넸고 항우는 고개를 끄덕였다. 항량이 먼저 들어가 은통에게 조카를 데려왔다고 말했다.

은통은 시종을 시켜 항우를 들어오게 했다. 얼핏 보기에도 항우는 매우 씩씩했고, 걸어 들어오는 기개 또한 당당했다. 은통은 무척 기뻐하며 항량에게 말했다.

"과연 장사로다! 진정 항량의 조카답소!"

그러고는 곧 환초를 찾는 일에 대해 말을 꺼냈다. 항량은 은통이 말하는 틈을 타서 나지막한 목소리로 항우에게 말했다.

"지금이다."

눈 깜짝할 사이, 항우가 허리에 차고 있던 칼을 뽑아서 빠른 걸음으로 은통에게 다가갔다. 휙, 하는 소리와 함께 은통의 머리가 바닥으로 떨어졌다.

항량은 이렇게 은통의 자리를 빼앗아 회계의 태수가 되었다. 조카인 항우는 8천 명의 정예병을 이끌고 군사를 일으켰다. 후에 그의 군사규모는 끊임없이 불어나 마침내 당시 최대의 거병집단으로 알려진 유방의 세력과 패권을 다투기에 이르렀다.

은통은 항량을 과신한 나머지 항우에 대해서도 경계를 소홀히 하였다가(아마도 항우가 무기를 숨기지 않고 드러내놓고 찼기 때문에 오히려 은통을 속여 성공할 수 있었는지도 모른다) 결국 목이 잘리는 결말을 맞게 되었다.

일상생활에서도 많은 사람들이 남에게 속아본 경험이 있을 것이다. 도대체 어떻게 하면 다른 사람의 속임수에 대비할 수 있을까?

TALKING WISDOM 고향 사람과 친구를 쉽게 믿지 말라

체면 때문에 혹은 신뢰가 지나친 나머지 우리는 고향 사람이나 친구에 대해 늘 경계를 소홀히 한다. 그러나 그만큼 그들이 당신을 속일 기회가 많고 심지어 당신을 해할 수도 있다는 사실은 누구나 인정할 것이다. 비록 절대 다수의 고향 사람과 친구가 믿을 만하다지만, 만약 열 명의 고향 사람과 친구 중 단 한 명이라도 당신을 겨누고 있다면 당신은 손해를 피할 수 없게 된다.

고향 사람과 친구는 가장 쉽게 당신의 뒤에서 손을 뻗을 가능성이 있는 사람들이다. 그러므로 우리는 평소 고향 사람과 친구에 대해 경계를 풀지 말고 속임수에 빠지지 않도록 주의해야 한다.

TALKING WISDOM 적극적으로 당신을 돕는 사람을 조심하라

일반적으로는 어떤 문제가 생겼을 때면 자신이 먼저 나서서 적극적으로 다른 사람에게 도움을 구한다. 그러나 어떤 경우에는 반대로 다른 사람이 적극적으로(심지어 당신이 전혀 도움이 필요하지 않은 경우에도) 다가와 당신에게 도움의 손을 내밀기도 하는데, 이런 상황에서는 미리 조심할 필요가 있다.

어느 날 저녁, 왕 노인은 산책을 나섰다. 길에는 가로등 불빛이 반짝이고 있었고, 왕 노인은 야경을 감상하며 천천히 길을 걷고 있었다. 그런데 갑자기 한 젊은이가 옆으로 다가와서는 열심히 그를 부축하며 말했다.

"할아버지, 할아버지처럼 나이 드신 분들은 인도로 다니셔야 안전해요. 차 조심 하셔야죠."

젊은이의 친절한 모습에 감동한 왕 노인은 연신 "고맙구려, 고마워"라고 말했다. 그런데 순식간에 그 젊은이가 사라져버렸다. 그 순간 왕씨는 이상하다는 생각이 들었다. 그가 생각하기에, 자신은 아직 정정한 편이고 게다가 걷고 있던 길이 위험하지도 않았는데 이 젊은이는 일부러 다가와 자신을 부축해주다니, 요즘 같은 때 보기 드문 친절이 아닌가? 그는 호주머니를 더듬어보았고, 3백 위안이 넘는 돈이 온데간데없이 사라진 것을 발견했다. 왕씨는 그제야 비로소 방금 전의 그 친절한 젊은이가 소매치기였다는 사실을 깨달았다.

'친절한' 사람이 도움을 주겠다며 접근하는 사례는 부지기수지만 결과적으로는 그의 속임수에 빠져 손해를 입는 경우가 허다하다. 누군가 당신을 필요 이상으로 열심히 도와주려고 하거든 각별한 주의를 기울일 필요가 있다. 아무런 경계심 없이 무방비 상태로 도움을 받아들인다면 이미 당신은 속아 넘어간 것이다.

TALKING WISDOM 하늘에서 공짜가 떨어진다고는 믿지 말라

우리는 각종 매체를 통해 뜻밖의 횡재나 공짜 선물을 미끼로 사기행각을 벌인 예를 자주 접할 수 있다.

한 사기꾼이 일부러 피해자 앞에 지갑을 떨어뜨리면 한 명 혹은 여러 명의 공범자가 그 앞으로 가서 지갑을 주운 뒤, 지갑에 들어 있는 거액의 현금(혹은 금불상, 금 장신구, 금괴 등의 귀중품)을 피해자와 공평하게 나누자고 제안한다. 그러고는 진짜와 가짜를 살짝 뒤바꾸는 방식으로 사취하는 식의 사기가 이런 경우에 해당한다.

또 적지 않은 사람들이 휴대전화로 들어온 경품당첨 메시지에 사기를 당했다는 뉴스도 흔히 보게 된다.

이러한 문자메시지 사기는 비록 포장은 다양하지만 그 수법은 모두 비슷하다. 가장 흔한 유형은 문자메시지를 통해 '희소식' 혹은 '행운당첨'이라는 식의 문구로 당첨을 통보하며 단지 일정한 금액의 '우편료', '추첨비용' 혹은 '소득세'를 지정된 은행계좌로 입금만 하면 바로 상품을 받을 수있다고 하는 것이다. 그러나 실상 상품은 미끼이고 문자를 받은 사람은돈을 입금하는 즉시 사기꾼의 올가미에 걸려든 것과 같다.

TALKING WISDOM 낯선 사람을 가까이하지 말라

한 조사에 따르면 전체 조사자 가운데 83%가 낯선 사람에게 사기를 당한 적이 있다고 한다. 미국의 어느 작가는 이렇게 말했다.

"우리는 늘 모르는 사람을 믿기 좋아한다. 왜냐하면 그들은 우리를 한번도 속인 적이 없기 때문이다."

일리가 없는 말은 아니다. 자신이 사기꾼이라고 얼굴에 써놓고 다니는사람이 어디 있겠는가. 아무리 경계심을 잃지 않는다 하더라도 사기꾼들이 작정을 하고서 갖은 수단과 방법을 동원해 덤비면 막으려야 막기 힘든경우가 많다. 그러므로 이런 사람들에게 속지 않으려면 사기꾼들이 흔히써먹는 다양한 수법을 알아두어야 한다. 가장 중요한 점은 되도록이면 낯선 사람과는 상대하지 않는 것이다.

사람이 세상을 살아가면서 낯선 사람과 사귀지 않는 것은 불가능하다. 그러나 우리는 가능한 한 석연치 않은 낯선 사람과의 교제를 최소화하며, 접촉을 피할 수 있어야만 속임을 당하지 않을 것이다.

위기로부터
벗어나라

누구도 일생 동안 자신의 안전을 위협하는 나쁜 사람이나 강도를 단 한 번도 만나지 않을 것이라 장담하지 못한다. 그러나 그들도 사람이기에 보통 사람들과 같은 심리를 가지고 있으므로, 이 점을 유념하면 위험한 상황에 직면하더라도 그 위기를 순조롭게 벗어날 수 있다.

인생에는 늘 수많은 변수가 존재하며, 때로는 극도의 위험상황에 처할 수도 있다. 누군가 당신에게 해를 끼치려 한다면 무엇보다 침착함을 잃지 않는 것이 중요하다. 냉정하게 마음을 가다듬은 후 말재주를 발휘하여 상대방으로 하여금 적대적인 입장을 버리고 '칼'을 놓도록 유도해야 위험한 상황에서 순조롭게 벗어나 심각한 결과를 초래하지 않을 수 있다.

TALKING WISDOM 감정설득법

한 고객이 불만 가득한 표정으로 어느 상점 문을 박차고 들어와서는 쉴 새 없이 떠들어댔다.

"이 구두는 굽이 너무 높아요. 디자인도 별로고……."

상점 직원은 섣불리 대꾸하지 않고 인내심 있게 고객의 말을 끝까지 들어주었다. 고객이 불만을 다 늘어놓고 나자 직원은 침착하게 말했다.

"고객님의 솔직한 의견 감사합니다. 개성 있는 모습이 무척 좋아 보이는군요. 그럼 이렇게 하는 건 어떨까요? 제가 안으로 들어가서 고객님의 마음에 들 만한 구두를 다시 가져와 보겠습니다. 만약 그것도 마음에 들지 않으시면 환불해드리고요."

고객은 자신의 불만스러운 감정을 있는 대로 모두 털어놓고 나자 자신이 조금 지나쳤다는 생각이 든 데다, 직원이 이토록 인내심 있게 자신의 문제를 처리해주고자 애쓰는 모습을 보니 스스로 민망하기도 했다. 그리하여 그는 태도를 바꾸어 직원이 새로 바꾸어준 구두가 이전 것과 큰 차이가 없음에도 불구하고 "와, 이 구두 참 마음에 드네요. 꼭 맞춤신발 같아요"라며 물건에 대해 칭찬했다.

직원은 여유와 냉정으로써 고객의 조급함과 화를 달랬다. 고객은 그 덕분에 속에 담고 있던 화를 전부 분출한 뒤 심리적인 안정을 찾을 수 있었으며, 이로써 분쟁은 화해로 마무리되었다.

가장 효과적인 방법은 우선 상대방을 안정시킨 후에 감정에 호소하여 설득하는 것이다. 자신의 진심을 이용하여 상대방을 감동시킨다면 상대방이 범죄행위를 포기하도록 만들 수도 있다.

언어는 가장 힘 있고 효과적인 무기이다. 언어를 무기로 물리적, 체력적인 대결을 심리적, 인격적인 대결로 변화시킬 수 있다. 상대방 안정시키기, 잠시 한발 물러서기, 행동으로 인한 이해득실 깨닫게 하기, 인정을 호소하여 마음 움직이기의 4단계 전략을 택해 결연한 마음과 신중한 자세로 목숨이 위태위태한 대결에서도 마침내 최후의 승리를 얻을 수 있다.

TALKING WISDOM 약한 모습을 보여 동정심을 얻어라

사람이라면 누구에게나 동정심이 있다. 이것은 사람의 천성이다. 만약 설득하기가 비교적 어려울 듯한 상대를 만났다면 상대방으로부터 동정심을 얻는 방법을 택해도 좋다. 이 방법의 특징은 약함으로써 강함을 극복하여 위험에서 벗어난다는 점이다.

TALKING WISDOM 상대방의 경계심을 해소하라

두 사람이 서로 힘을 겨룰 때는 자연스럽게 방어심리가 생긴다. 특히 위험한 고비를 맞았을 때는 더욱 그러하다. 이런 상황에서 설득에 성공하려면 우선 상대방의 방어심, 경계심을 해소시키는 데 주력해야 한다.

어떻게 하면 경계심리를 해소시킬 수 있을까? 잠재의식의 차원에서 보자면 경계심리는 일종의 자기 위안이고, 사람들이 상대방을 가상의 적으로 볼 때 만들어진다. 따라서 경계심리를 없애는 가장 효과적인 방법은 반복적인 암시로써 자신이 적이 아니라 친구임을 인식시키는 것이다.

이러한 암시는 상대에게 친절히 대하거나 관심을 보이거나 혹은 도움을 주고 싶다는 의사를 표현하는 방법 등으로 진행할 수 있다.

지연술을 써서
시간을 벌어라

커뮤니케이션 과정에서 어떤 말은 즉각 대답하는 것보다는 잠시 회피할 구실을 찾았다가 좀더 신중히 고려한 후 대답하는 편이 나을 때가 있다. 비즈니스에서도 마찬가지로, 급하게 결정해야 할 일이 아니라면 시간을 끌었다가 천천히 심사숙고한 다음 결정하는 것이 더 나은 결과를 가져다준다.

병법서에 나오는 완병계緩兵計는 적의 공격을 늦추고 대책을 마련할 시간 혹은 기회를 벌기 위한 전략으로, 이를 통해 응전의 준비를 갖춤으로써 승산을 더할 수 있다.

TALKING WISDOM 시간이 해결해준다

설전에서의 지연술이란, 상대방의 날카로운 지적이나 논점에 대해 잠시 옳고 그름에 대한 언급을 피하며 원칙을 잃지 않는 선에서 상대방에게 어느 정도의 이해와 동정을 표출함으로써 상대의 기분을 안정시키고 갈등과 충돌을 약화시키며 긴장된 분위기를 완화시키는 것이라 할 수 있다. 시간이 흐르고 상황에 변화가 생기면 원래 폭발하려 했던 격동적인 감정도 대개는 가라앉게 마련이다.

TALKING WISDOM 상대의 흥분된 감정을 가라앉혀라

지연술은 사람의 심리상태에 매우 큰 영향을 끼친다. 때문에 사람들은 일상적인 교제에서 자주 이 방법을 사용해 상대방의 결정을 좌우하고 자신의 뜻을 달성한다. 사람은 일단 뜻하지 않은 사건이 일어나면 항상 급하게 해결하려는 심리가 있어서 그런 사람을 어떻게 설득하는가 하는 문제는 쉬운 일이 아니다.

TALKING WISDOM 천천히 나아가고 여유 있게 움직여라

소방대원들은 응급구조 요청 전화를 받을 때 최대한 침착한 어조로 응대한다. 그러한 말투는 상대방의 정서를 안정시켜 상황을 보다 정확하게 설명할 수 있도록 유도한다. 으레, 두 사람이 말다툼을 할 때 한쪽은 흥분해서 열을 내고 다른 한쪽은 느긋한 모습을 보인다면 결과는 후자가 이기는 법이다. 이러한 예들은, 상황에 따라서는 '느림'이라는 것이 문제를 해결하고 모순을 푸는 데 좋은 방법임을 보여주고 있다.

TALKING WISDOM 시간 끌기 전략을 활용하라

시간 끌기는 비즈니스 협상에서도 가장 많이 쓰이는 전략이다. 성공적인 협상은 먼저 방향과 방법을 결정한 다음, 다른 사람이 상상하기 힘들 정도의 인내와 노력으로 시간을 끌고 유리한 기회를 노리면서, 뜻이 관철될 때까지 꾸준히 전력투구함으로써 이루어진다.

사람의 의지는 강철판과도 같아서, 처음에는 어느 정도의 압력에도 원래의 모습을 간직하지만 시간이 지나면 곧 천천히 휘기 시작한다. 시간 끌기 전략은 협상상대의 의지에 압력을 가하기 위해 가장 흔히 쓰이는 방법이다. 갑작스러운 협상중단이나 무응답 혹은 애매모호한 대답은 욕을 퍼붓거나 노발대발 화를 내는 것보다 참기 힘들게 한다.

지연술은 서로 조금도 물러서지 않고 첨예하게 맞설 때 갈등을 완화시키고 분위기를 조절하는 좋은 약이다. 이는 애초의 무조건적이고 맹렬했던 감정이나 충동을 꺾어 결국에는 아예 사그라지도록 만든다. 당장 맞서 싸우는 대신 먼저 숙이는 기술은 격렬한 말다툼에서만 사용되는 것이 아니라 외교나 비즈니스에서도 자주 쓰인다. 왜냐하면 그런 중요한 상황에서 상대방이 제기하는 모든 문제에 대해 반드시 즉각적으로 대답해야 할 필요는 없기 때문이다. 신중을 기하기 위해 또는 이후의 대책을 생각하기 위해 즉답을 하기보다 잠시 대답을 유보할 수 있다. 그럴 때는 다음과 같이 말하면 된다.

"죄송합니다만, 이 문제에 대해 언급하실 줄 예상치 못해 충분한 자료를 준비하지 못했습니다. 자료를 좀더 찾아본 뒤 회답을 드려도 되겠습니까?"

"신중을 기하기 위해 관련부서에 먼저 문의를 해보겠습니다."

"이 문제에 대해서는 저에게 아무런 결정권이 없습니다."

이런 식으로 대답을 지연시켜 신중히 고려해볼 시간적 여유를 얻는다면, 분명 더 좋은 결과가 나올 것이다.

술자리에서
요령 있게 대처하라

술자리는 때로 전쟁터와 같다. 접대와 교제를 위한 술자리에서 접대를 하는 사람과 접대를 받는 손님이 마치 양군으로 나뉘어 대치하면서 상대방을 무너뜨리기 위해 애쓰는 듯한 모습을 자주 볼 수 있다. 그러므로 술자리에서 술을 권하고 또 거절하는 두 가지 기술을 익혀둘 필요가 있다. 술을 권할 때는 상대방이 기분 좋게 마실 수 있게 해줘야 한다.

음주문화는 오래되었으면서도 변함없이 신선한 화제다. 성인이라면 대부분 술을 마셔본 경험이 있을 것이다. 현대인들이 사람을 사귀는 과정에서 술의 작용은 그 힘이 점점 더 커지고 있다. 분명 술은 교제를 위한 일종의 매개체이며, 손님을 대접하거나 누군가를 배웅할 때, 친구들과의 모임 등 각각의 상황에서 서로 소통하거나 우정을 나누는 데 독특한 역할을 수행한다. 그러므로 술자리의 특성을 탐색하고 여기서 오가는 표현들에 주의를 기울이다보면 그 가운데 당신과 다른 사람들과의 교제를 성공으로 이끌어줄 열쇠가 숨어 있음을 발견할 수 있다.

술자리에서 가장 중요한 것은 권주勸酒와 거절이라는 두 가지 기술을 파악하는 것이다.

접대를 위해 술이 오가는 자리에서는 접대를 하는 사람과 접대를 받는 손님이 마치 전쟁터에서 양측 군사가 대치하듯 상대방이 쓰러질 때까지 술을 권하는 모습을 흔히 볼 수 있다. 그래야만 접대를 하는 사람은 그릇이 크고 손님접대를 잘하는 것이라 생각하며, 손님 역시 그것을 조금도 이상하게 생각하지 않고 오히려 한 가족이 된 듯 친밀한 감정을 느낀다. 그런 다음에야 그 든든한 감정의 기초 위에서 중대한 문제를 논의하며 상호의 이익을 도모하고 성심성의껏 협력하는 것이다.

술자리에서 상대방에게 술을 몇 잔이라도 더 먹이려고 갖은 애를 쓰는 사람들이 있다. 그런 사람들은 술을 양껏 마시지 않는 것은 성의가 없다고 생각하여 술을 얼마나 잘 받아 마시는지를 가지고 사람을 평가한다. 주량이 어느 정도 되는 사람에게는 상관없을지 몰라도 술을 잘 못하는 사람이라면 이런 상황이 난처할 게 뻔하다. 때로는 술을 권하는 것이 너무 지나쳐서 원래 가지고 있던 우호적인 감정까지 완전히 상하게 하는 경우도 있다. 그러므로 술을 권하려면 적당한 선을 지키는 원칙이 있어야 하며 결코 강권해서는 안 된다.

어떻게 술을 권할 것인가에서 중요한 문제는 상대방이 기분 좋게 마실 수 있어야 하고 말과 마음이 같이 따라줘야 한다는 점이다. 여러 가지 방법이 있을 수 있으나, 그중 많은 기교와 병법이 방법은 다르지만 같은 효과를 내고 있다. 『손자병법』 「계편」에 이런 말이 있다.

"전쟁이란 속이는 것이다. 능력이 있으면서도 없는 것처럼 보이게 하고, 군사를 부리면서도 부리지 않는 것처럼 보이게 하고, 가까이 있으면서도 멀리 있는 것처럼 보이게 하며, 멀리 있으면서도 가까이 있는 것처럼 보이게 하여 적을 속여야 한다. 이익으로 유인하고 혼란을 일으켜 취하라. 상대가 견실하면 방비하고 강하면 피하라. 상대가 분노하면 더욱 부추기고, 낮추는 태도로 적을 교만하게 만들어라. 상대가 쉬려고 하면 일하게 하고 친한 사람과는 이간을 시켜라. 적의 방비가 허술한 곳을 공격하고 불시에 출격하라."

술자리는 어찌 보면 전쟁터와도 같다. 비록 자욱한 포연도 없고 피비린내도 나지 않지만, 머리를 써서 지혜롭게 행동해야 한다는 점과 상대를 제압하여 승리를 이루어낸다는 원칙은 일치한다. 동서고금의 이름 높은 장수들은 공인된 전략가이자 군사전문가이면서 동시에 술자리에서도 늘 승리를 거두는 경우가 많았다.

옆 사람에게 술을 권하려면 먼저 이야깃거리를 마련해야 한다. 상대방이 공짜를 좋아한다면 먼저 달콤한 미끼로 유인하라. 주량이 큰 사람을 만나면 돌아가며 술을 권해야 한다. 성미가 급한 상대는 편하게 기분을 맞춰주면서 올가미에 걸려들도록 해야 한다. 비교적 신중한 상대라면 비행기를 태워서 자만하게 만들어 자신의 위치를 잊고 스스로를 통제하지 못하도록 해야 한다. 상대편 사람들이 내부적으로 단결된 상태라면 이간하여 내분을 일으키도록 해야 한다. 처음부터 강하게 나오는 상대라면 한 걸음 뒤로 물러나 있다가 나중에 손을 써서 상대를 제압해야 한다. 먼저 나의 능력을 감춰두었다가 상대방이 경계를 풀고서 스스로 자기 잔에 술을 따르기 시작하면 그때 공격하여 일망타진하는 것이다. 이와 같은 것들에는 다양한 판본의 36계를 참고할 수 있다. 예를 들면 '격장계激將計, 자극하는 말로 약 올리기, 반간계反間計, 적을 이간질하기, 미인계美人計, 미인을 미끼로 유인하기, 고육계苦肉計, 자신을 희생하여 적을 안심시키기, 위위구조圍魏救趙, 위나라를 포위하여 조나라 구하기, **성동격서**聲東擊西, 동쪽에서 소리 내면서 실제로는 서쪽을 치기, **투량환주**偷梁換柱, 대들보를 훔쳐 기둥으로 바꾸어놓기, **어목혼주**魚目混珠, 물고기 눈알을 진주라고 속이기, **차도살인**借刀殺人, 남의 칼로 적을 죽이기, **조호리산**調虎離山, 호랑이를 산속에서 유인해내기, **진화타겁**趁火打劫, 남의 집에 불난 틈을 타 도둑질하기' 등등이다. 이러한 기본지략들을 익혀서 융통성 있게 운용하고 임기응변할 수 있으면, 비록 매번 술 권하는 것에 성공한다고 보장하지는 못해도 적어도 상대방이 기분 좋게 술을 마시게는 할 수 있다.

TALKING WISDOM 술잔 사양하기

사람들은 '술이 없으면 잔치가 이루어지지 않는다'는 말을 자주한다. 그러나 술을 즐기는 사람들은 상관없겠지만, 술을 못 마시거나 즐기지 않는 사람들에게는 술자리가 오히려 재난의 장소다. 그러나 효과적인 방법만 익혀둔다면 거만하지도 비굴하지도 않게 적절히 술을 거절할 수 있다. 다음에 제시되는 세 가지 방법을 살펴보자.

첫 번째는 내 창으로 내 방패를 공격하는 것이다. 술을 권하는 사람이 자주 쓰는 방법 가운데 하나는 술을 마시게 하기 위해 상대를 미리 치켜세워 주는 전술이다. 먼저 당신을 높은 사람 혹은 진실한 친구로 치켜세우지만 여기에는 숨은 뜻이 있으니, 만약 당신이 술을 마시지 않으면 높은 사람이나 친구답지 않다는 것이다. 그럴 때 당신은 반대로 이렇게 말하면 된다.

"나에게 술을 마시라고 하는 것은 그야말로 나더러 죽으라고 하는 소리나 다름없어요. 만약 나를 친구라고 생각한다면 나 좀 살려줘요."

이 말은 곧 '당신이 나에게 술을 먹이면 친구가 될 수 없다'는 뜻이다. 술을 권하는 사람은 상대방이 마시든 안 마시든, 말로는 모두 친구이고 형제임을 인정해야 하기 때문에 이 약점을 가지고 반격하면 어쩔 수 없이 입을 다물게 된다.

두 번째는 시치미를 떼는 것이다. 상대방이 강제로 술을 권하면 우선 호탕한 모습으로 말하는 것이다.

"나는 원래 술을 못하지만 여러분의 애정과 호의에 마시지 않을 수 없군요. 오늘은 죽는 한이 있더라도 여러분과 함께 끝까지 마시겠습니다. 여러분들을 위해서라면 취하는 것도 괜찮지요!"

말을 마친 후 한 잔을 깨끗이 비운다. 그러고는 곧 주량 이상으로 많이 마신 체를 하며 옆에 가서 눕는다. 누군가 다가와 당신을 일으키며 소리쳐 불러도 절대 모른 척하고 깊이 잠든 체하는 것이다. 그러면 상대방은 당신이 진짜로 많이 취한 줄 알고 다시 당신을 찾지 않을 것이다.

세 번째는 삼십육계 줄행랑을 치는 것이다. 위의 두 가지 방법이 모두 먹히지 않는 상황이라면 핑계를 대고 몰래 빠져나와라. 가장 좋은 핑계는 뜻밖의 상황 설정으로, 사람들로 하여금 당신이 잠시 자리를 비울 수밖에 없는 상황이라고 여기게 만드는 것이다. (여기서는 '잠시'라는 말이 매우 중요하다) 예를 들어 사전에 제삼자와 계획을 짠 다음 중요한 타이밍에 그가 당신을 부르게 한다.

"누가 당신을 찾아요."

그러면 당신은 이렇게 말한다.

"죄송합니다, 여러분. 잠시 실례하겠습니다. 금방 돌아오지요."

일단 술자리를 뜨고 나면 술자리가 끝날 무렵에 돌아와 미안하다는 말

몇 마디만 하면 된다. 설사 상대방이 실상을 알게 되더라도 당신의 선의의 거짓말에 크게 개의치는 않을 것이다.

상대방이 예상치 못한 방법을
사용하라

이른바 출기제승이란 특수한 수단을 운용하는 묘안으로, 상대방의 예상을 뛰어넘는 여러 방법을 변화무쌍하게 이용하여 승리하는 것을 말한다. 용병술에서 출기를 알아야만 승리할 수 있듯, 대인관계나 비즈니스에도 이를 활용하여 승리할 수 있다.

출기제승出奇制勝, 기발한 계책으로 승리를 거둔다의 병법은 군사 분야에서 결코 몰라서는 안 되며 반드시 사용할 줄 알아야 하는 전술 중 하나다. 출기제승이란 특수한 수단을 운용하는 묘안으로, 적이 예상하지 못한 의외의 방법으로 공격하여 승리하는 것을 말한다. 용병술에서 출기出奇를 알아야만 승리할 수 있듯, 대인관계나 비즈니스에서도 이를 알아야 승리할 수 있다.

다음의 사례를 살펴보자. 이 사례들은 우리에게 깨우침의 기회를 마련해줄 것이다.

TALKING WISDOM 예상 밖의 대답

한 노인이 배를 타고 가다가 어느 여행객이 물고기 뱃속에서 진주를 발견했었노라고 이야기하는 것을 듣고는 끼어들며 말했다.

"내가 여러분에게 실화 하나를 말해주겠소. 젊었을 때, 나는 한 아름다운 여배우와 연애를 했다오. 그러다 내가 외국지사에서 일하게 되어 이년 동안 떨어져 있게 됐지요. 그녀와의 연락도 점점 줄어들 수밖에 없었소. 귀국하기 전 나는 그녀를 깜짝 놀라게 해줄 생각으로 다이아몬드 반지를 하나 샀다오. 그러나 돌아오는 길에 그녀가 한 달 전에 이미 다른 인기배우와 결혼했다는 사실을 알게 되었지 뭐요. 나는 홧김에 반지를 바다에 던져버렸지요. 며칠 후에 한 식당에서 술을 마시게 되었는데 생선요리가 안주로 올라오지 않았겠소. 심란한 마음으로 음식을 입속에 쑤셔 넣는데 두 입째 먹는 순간 갑자기 이에 뭔가가 걸리는 게 있었소. 여러분 맞혀보시오. 내 이에 무엇이 걸렸을 것 같소?"

"반지요."

사람들이 입을 모아 대답했다.

노인이 웃으며 말했다.

"아니, 그건 생선 뼈였소."

"하…… 하하하!"

사람들은 모두들 호쾌하게 웃음을 터뜨렸다.

이 노인은 뜻밖의 대답으로 분위기를 상승시키고 사람들의 관심을 한 몸에 받을 수 있었다.

TALKING WISDOM 상식을 깨는 유머

어느 회사의 사장이 업무로 바빠서 눈코 뜰 새 없는 와중에 전화벨이

울렸다. 여비서가 전화를 받았다.

"누구 전화야?"

"사모님 전화예요."

"뭐라고 하는데?"

"사장님께 키스를 해드린다는데요."

"그래?"

사장은 고개조차 들지 않고 말했다.

"그럼 자네가 대신 받아뒀다가 나중에 나한테 전해줘요."

키스를 미리 받아놨다가 나중에 전해달라니, 사장의 생각은 실제로 전혀 상식 밖이지만 이 기발한 말 한마디는 보통 사람들의 사고를 훌쩍 뛰어넘음으로써 유머가 되었다. 유머는 이렇듯 사람들이 쉽게 생각하지 못하는 것에서 나와야 의외의 웃음을 자아낼 수 있다.

TALKING WISDOM 고정관념을 깨라

1995년 미스홍콩 선발대회가 열렸을 때, 참가자들의 임기응변 능력을 테스트하기 위해서 사회자가 몇 명의 참가자에게 물었다.

"만약 당신이 베토벤, 히틀러, 아인슈타인 세 사람 중에서 평생의 반려자를 선택해야 한다면 누구를 선택하겠습니까?"

1번 참가자는 베토벤을 선택하면서 "예술가에게 시집가고 싶어요"라고 말했고, 2번 참가자는 아인슈타인을 선택하면서 자신은 과학에 헌신하고 싶다고 했다. 3번 참가자는 조금도 망설이지 않고 말했다.

"전 악마 히틀러를 선택하겠어요."

그 순간 관중석이 술렁거렸다. 세 번째 참가자는 이유를 설명했다.

"그러면 저는 천사가 되어 착하고 고상한 마음씨로 악마를 감화시킬 거예요. 만약 제가 히틀러와 결혼을 했다면 제이차 세계대전은 일어나지 않았을 것이고, 수많은 사람의 목숨도 구할 수 있었겠죠."

말이 끝나자마자 모든 사람들이 열렬한 박수를 보냈다. 심사위원들은 3번 참가자에게 가장 높은 점수를 주었다. 3번 참가자가 심사에서 높은 점수를 얻을 수 있었던 것은 그녀가 상식을 깨고 '나쁜 사람과 결혼하면 안 된다'는 보통 사람들의 고정관념에서 벗어났기 때문이다. 거기에다 자신만의 개성 있는 주장까지 똑 부러지게 덧붙였으니 관중에게 깊은 인상을 줄 수밖에 없었으리라.

TALKING WISDOM 남들과 다른 방법으로 접근하라

광고를 전공한 한 젊은이가 직장을 구하기 위해 사방으로 면접을 보러 다녔지만 결과는 매번 퇴짜였다. 그는 어떻게 하면 자신을 드러낼 수 있을까를 오랫동안 고심했다. 하루는 그가 이미 한 번 면접을 봤던 여행회사의 사장실에 다시 쳐들어갔다. 사장은 며칠 전에 왔던 사람이 다시 온 것을 보자 짜증을 내며 말했다.

"내가 다시 한 번 분명히 말하는데 우리 회사는 직원이 이미 충분하다네. 더이상 신입사원은 필요 없다고."

"그러면 이게 꼭 필요하시겠네요!"

젊은이는 가방에서 정성껏 만든 편액扁額 비단·종이·널빤지 따위에 그림을 그리거나 글씨를 써서 방 안이나 문 위에 걸어놓는 액자을 꺼내 들었다. 편액에는 '우리 회사의 정원은 이미 찼습니다. 당분간 채용하지 않습니다'라는 문구가 적혀 있었다. 사장은 이를 보더니 웃음을 터뜨리고 말았다. 사장은 이 젊은이의 신선하고 독특한 구직방법이 마음에 들어 그를 채용한 다음, 중요한 임무까지 맡겼다.

만약 그가 착실하게 규율대로만 따르는 수많은 평범한 구직자 중 하나였다면 자신만의 특징과 장점을 드러내지도, 다른 사람들에게 주목받지도 못했을 것이다. 때로는 이 사례의 주인공이 보여준 것처럼 약간의 재치를 발휘해 다른 사람들과는 전혀 다른 방법으로 이목을 끌 줄 아는 능력도 필요하다. 이렇게 하면 당신은 아마 예상치 못한 성과를 얻을 수 있을 것이다.